Nadja Berger

Hellsicht, Medialität, Channeling

Hellsicht
Medialität
Channeling

Mediale Fähigkeiten
verstehen und anwenden

Nadja Berger

/// SILBERSCHNUR 🦋 VERLAG

Anmerkung:
Dieses Buch enthält Informationen über und Erfahrungen mit energetische(n) und spirituelle(n) Hilfsmittel(n) aus der geistigen Welt. Die beschriebenen Methoden und Mittel stehen in keinem direkten Zusammenhang mit schulmedizinischen Erkenntnissen und Ansätzen und möchten auch nicht als solche verstanden werden. Sie sind kein Ersatz für Medikamente, ärztliche oder psychotherapeutische Behandlungen.
Hinsichtlich des Inhaltes dieses Werkes geben Verlag und Autorin weder indirekte noch direkte Gewährleistungen.

ISBN: 978-3-89845-434-6

1. Auflage 2014   2. Auflage 2016

Gestaltung & Satz: XPresentation, Güllesheim
Umschlaggestaltung: XPresentation, Güllesheim; unter Verwendung des Motivs #A:1253898, www.clipdealer.de
Druck: Finidr, s.r.o. Cesky Tesin

Verlag »Die Silberschnur« GmbH · Steinstr. 1 · 56593 Güllesheim
www.silberschnur.de · E-Mail: info@silberschnur.de

Inhalt

Das Schönste, was wir erleben können,
ist das Geheimnisvolle.

Albert Einstein

Für meinen geliebten Vater,
meinen guten Freund Ingo,
meine Begleiter aus der geistigen Welt
und alle liebenden Seelen.

Einleitung

**Eine Botschaft kann dich berühren und
deinem Leben Sinn und Kraft geben.**

Vielleicht denkst du, Medialität sei nur etwas für "Durchge-knallte" oder ganz besonders begabte Menschen. Vielleicht denkst du, es sei etwas Weltfremdes, nur für Engelliebhaber. Vielleicht spürst du aber auch, dass es etwas ist, das dich mit dir verbindet und mit einer höheren Weisheit, die dir vertraut ist. Denn es ist auch deine innere Stimme, deren Botschaft aus einer tiefen Ebene in dir ins Licht deines Bewusstseins rücken darf – und das sogar täglich. Wie wäre das für dich, so ganz angebunden zu sein an eine Kraft, die ganz genau weiß, was gut für dich ist und wohin dein Weg dich führen wird? Das wäre doch toll, oder?

Dieses Buch soll dich über die Kunst der medialen Wahrneh-mung und Kommunikation informieren und dich dabei begleiten, sie zu erkunden und auszuüben. Es soll dir helfen, deine medialen Fähigkeiten und Vorlieben zu erkennen, und dir die Möglichkeit geben, deine eigenen geistigen Helfer zu kontaktieren, ganz gleich ob sie in dir oder um dich herum sind.

Vielleicht kommt dir der theoretische Teil dieses Buches vorerst etwas abstrakt vor und du überfliegst ihn zunächst. Wenn du zuerst mit den einzelnen Übungen beginnen möchtest, findest du in ihm jedoch eine Basis zum Nachschlagen. Ich möchte dir damit so viel Struktur, Stütze und Anleitung wie möglich für deinen Weg mitgeben – für einen Weg, der nicht sichtbar, aber dennoch existent ist.

Ich wünsche dir viel Freude beim Lesen!

Nadja Berger

Teil I:

Die Theorie der Medialität

Was ist Medialität?

Botschaften aus einer unsichtbaren Welt erweitern dein Leben.

Zu Beginn möchte ich zeigen, wie vielschichtig der Begriff "Medialität" gebraucht werden kann, was er bedeutet und woher er stammt. Die meisten Menschen haben in ihrem Leben bereits – wenn auch vielleicht kleine und unscheinbare – Situationen erlebt, die man durchaus als mediales Erleben bezeichnen kann. Medialität ist keine Wissenschaft, und es ist schwer für uns Menschen, das Unsichtbare vollkommen zu erfassen und zu strukturieren. Was du in diesem Buch erfährst, entstammt meinen eigenen jahrelangen und intensiven geistigen Schulungen, Erfahrungen und Recherchen, genauen Beobachtungen sowie Gesprächen und dem Austausch mit anderen anerkannten Medien. Dieses Wissen ist tiefgründig und gründlich erprobt, es kann aber keinen Absolutheitsanspruch erheben. Nutze die hier niedergeschriebenen Erfahrungen und Informationen am besten als Gerüst, an dem du dich halten und orientieren kannst, und folge dabei deinem eigenen, dir innewohnenden Gefühl! So kannst du dieses Buch optimal für dich verwenden.

Was also ist Medialität und was ist Channeling? Kurz gesagt ist Medialität die Fähigkeit zum Empfangen und Übermitteln von Energien, Visionen oder Botschaften aus der geistigen Ebene. Man könnte es auch als Wahrnehmung über den sogenannten sechsten Sinn beschreiben. Ursprünglich wurde es als Mediumismus bezeichnet, und es beschreibt in erster Linie die Kommunikation eines Mediums mit sogenannten unverkörperten Wesen oder Seelen, wie zum Beispiel Aufgestiegenen Meistern, Engeln, Geistern, Verstorbenen, Göttern, kosmischen Wesen und anderen. Es kann jedoch auch die geistige Übermittlung von Botschaften verkörperter Wesen oder von Seinsanteilen sein oder auch die Wahrnehmung und das Empfangen von feinen Energien, Informationen und Schwingungen. In der Vergangenheit wurden derartige Übertragungen zunächst in Form der berühmt-berüchtigten Séancen bekannt. Später nannte man sie auch Sitting oder Reading (Sitzung oder Lesung).

"Channeling" bedeutet im Englischen so viel wie "Kanalisieren". Der Begriff "Channeling" im Sinne eines medialen Vorganges wurde erst etwa in den siebziger Jahren während der amerikanischen New-Age-Bewegung geprägt und etablierte sich dann im Laufe der Zeit auch im deutschsprachigen Raum. Ein Channel oder auch ein Medium ist eine Person, die sich bewusst als Kanal für die Übermittlung von Botschaften zur Verfügung stellt. Während eines Channelings teilt sich ein Wesen oder eine Information über ein Medium diesem selbst oder auch anderen Menschen mit. Es ist, wie jede andere Art der Kommunikation, ein Austausch von Energien. Dabei können ganz unterschiedliche Arten von Schwingungen übertragen werden. Das Spektrum reicht von Texten, Bildern und Symbolen bis hin zu Klängen, Sinnesempfindungen, Gefühlen, Wissen und Informationen, die in der geistigen Welt gespeichert sind. Oftmals gehen Informationsübertragungen auch mit den dazugehörigen Bildern einher. Das ist besonders dann der Fall, wenn das Medium offen für hellsichtige Wahrnehmungen ist.

Viele gechannelte Botschaften sind sehr aufschlussreich, interessant und hilfreich. Sie können allgemeinen philosophischen Charakter haben und sehr poetisch sein, aber auch äußerst detailgetreue Informationen enthalten, beispielsweise über den Charakter oder die Vergangenheit einer Person. Besonders beeindruckt sind viele Menschen von Jenseitsbotschaften, die Informationen enthalten, die nur der Verstorbene und der kontaktsuchende Hinterbliebene wissen konnten. Einige Schamanen und Heiler erhalten Informationen für ihre Heilungen auf medialem Weg oder erlernen über den Dialog mit ihren Geistführern ihre Heiltechniken. Channelings und andere mediale Erfahrungen können sich also in ihrer Art, ihrem Nutzen, ihrer Intensität und ihrer Informationsfülle unterscheiden.

In unseren Breitengraden haben sie offiziell keinen allzu guten Ruf. Das mag sicher auch daran liegen, dass die Wahrhaftigkeit eines Channelings und die Existenz einer unsichtbaren helfenden Welt nicht pauschal für jedermann nachweisbar sind. Dazu kommt, dass vielleicht gerade deshalb auch viele Scharlatane auf den "Esoterikzug" aufgesprungen sind, die diese Nichtbeweisbarkeit ausnutzen. Als Heilpraktikerin für Psychotherapie und als Mensch, der auch rationale Eigenschaften in sich trägt, ist mir durchaus bewusst, dass unser Thema derzeitig nicht von allen als seriös betrachtet oder gar ernst genommen wird. Wenn wir als Medium in unserer Gesellschaft Wert darauf legen, anerkannt zu werden oder als psychisch gesund zu gelten, haben wir momentan nicht ganz so gute Karten. Denn nach der aktuellen psychopathologischen Klassifikation der westlichen Welt befinden wir uns bereits per Definition mit den Erstrangsymptomen des "Stimmenhörens" oder der "Informationseingabe" in der Kategorie schizophrener Erkrankungen. Vielleicht ändern sich diese Auffassungen eines Tages und bekommen einen Zusatz für unwillentliche oder schädigende, das Leben krankhaft negativ beeinträchtigende Eingaben. Das würde dem Begriff des Krankheitswertes zumindest näher kommen, ohne Bewusstseinserweiterung und Medialität gleich automatisch in eine Schmuddelecke zu drängen.

In anderen Kulturen nämlich, vor allem in jenen mit schamanischen Einflüssen, ist man als Medium traditionell ein geehrtes Mitglied der Gesellschaft und genießt sogar besondere Vorteile. So unterschiedlich können die Sichtweisen also sein. Für dich jedoch ist in erster Linie wichtig, wie du dich mit den medialen Erfahrungen fühlst und ob sie dein Leben bereichern. Danach wähle deinen Weg!

Wozu ist Medialität gut?

Was ich empfange, bereichert mein
Bewusstsein.

Wie kann Medialität also dein Leben bereichern? Stelle dir vor, du hättest viele unsichtbare Freunde, die die Möglichkeit haben, Grenzen zu überschreiten, die dir gegeben sind, Dinge zu überschauen, die du aus deiner Position nicht wahrnehmen kannst, dir Wissen über dich und Einblick in dein Leben zu geben und dir gerne und von ganzem Herzen ihre Unterstützung zu gewähren. Das sind deine Geisthelfer. Es kann für dich ein sehr großer Gewinn sein, Rat mit Wesen und Seinsanteilen zu halten, die nicht mitten im Geschehen stecken und die viel Weisheit in sich tragen. Ich habe viele Jahre unzählige Gespräche und Diskussionen mit meinen geistigen Freunden geführt und bin sehr froh darüber, weil sie meinen Horizont erweitert haben und mir sowohl Lob als auch konstruktive Kritik entgegengebracht haben.

Es ist erstaunlich, wie unermüdlich uns die geistige Welt immer wieder mitteilt, was wichtig für uns ist, bis wir endlich richtig hinhören. Die meisten von uns haben blinde Flecken in ihrer Selbstwahrnehmung, einige von uns können kein Lob, andere keine

Kritik annehmen, wieder andere sehen nicht, was bereits alles gut ist in ihrem Leben, und manche reden sich alles schön, obwohl sie eigentlich gar nicht glücklich sind. Unsere geistigen Helfer sind ehrlich zu uns. Sie wollen, dass wir in unserem vollen Potenzial leben und uns entfalten können. Wenn wir sie um Rat bitten, können wir hilfreiche Tipps bekommen und sogar unsere blinden Flecken sehen. Wir können über unsere bisherigen Grenzen hinauswachsen und klar und bewusst mit den Geschehnissen des Lebens umgehen. Wenn wir uns in einer Lebenssituation unwohl oder unsicher fühlen, können wir Klarheit darüber bekommen, was mit uns geschieht, und Hinweise erhalten, wie wir die Situation optimal meistern und für unser Wachstum nutzen können. Man könnte das als seelisches Wachstum bezeichnen und unsere Helfer als Bewusstseinscoaches, dann beschreibt man die spirituelle Aufgabe unserer Geisthelfer ganz passend, denke ich.

Wenn wir klar sowie im Einklang mit unseren Energien und unserem persönlichen Weg sind, haben wir mehr Kraft, Gesundheit, Kreativität und Freude und finden mehr Erfüllung in unserem Leben. Wir können besser mit einschneidenden Situationen umgehen und Sackgassen, die wir für unsere Entwicklung nicht mehr brauchen, leichter umgehen. Auch unsere Eigenwahrnehmung, unsere Intuition und der Kontakt mit der inneren Stimme werden durch die medialen Übungen geschult. Wenn wir unsere Eigenverantwortung beibehalten, erlernen wir etwas, das kein anderer Mensch für uns übernehmen kann – unsere eigene innere Führung. Wir selbst sind dadurch in der Lage, in jeder Situation unseres Lebens zu erfahren und zu erspüren, was uns guttut und ob es unserem Weg entspricht. Das fängt bei der Ernährung an und reicht bis hin zur Wahl, welche Menschen und Situationen für uns gesund sind. Wenn ich in meinem Leben so zurückblicke, kann ich ehrlich behaupten, dass ich mich oft mächtig geärgert habe, wenn ich nicht auf meine innere Stimme gehört habe und damit unnötig mehr Stress in Kauf genommen habe, als erforderlich war.

Du kannst durch deine Medialität in der Lage sein, immer einen aufrechten Coach an deiner Seite zu haben. Du kannst Rätsel lösen, deine Energie und dein Wissen steigern und deinen Weg immer gerader und unbeirrbarer gehen. Wenn du mit höher energetischen Wesen kommunizierst, steigt auch deine spirituelle Energie automatisch mit an. Es ist jedoch wichtig, dass du die Botschaften, die dir Geistwesen geben, nicht überbewertest und sie für deine eigenverantwortliche Entwicklung nutzt. Denn es kann dich aus dem Gleichgewicht werfen, wenn du anfängst, auf jeden Geist zu hören und dessen Ratschlägen blind zu vertrauen. Vertraue dir und entscheide unbedingt selbst, was dir guttut! Die lichtvollen Geistwesen unterstützen dich genau in dieser Entwicklung. Doch dazu erfährst du später noch mehr.

Medial empfangene Informationen können also besonders nützlich sein für deine Persönlichkeitsentwicklung und zur Ratsuche. Aber auch beim Finden von Gegenständen oder bei offen gebliebenen Bedürfnissen und Fragen aufgrund des Verlustes von nahestehenden Personen können sie Hilfreiches bewirken. Sie können Trost spenden und die Psyche stärken. Sie können förderlich dabei sein, den eigenen Lebenskompass nicht aus den Augen zu verlieren und den persönlichen Seelenweg zu erkennen. Außerdem können sie dazu beitragen, dass wir Menschen unseren Zusammenhang und unser Verbundensein im Gesamtgefüge dieser Welt im Bewusstsein bewahren – denn man kann auch mit verkörperten Wesen oder Seelen kommunizieren, mit seiner eigenen Seele ebenso wie mit der von Pflanzen, Tieren oder Steinen. Mit all diesen stehen wir in Verbindung. Genauso ist es möglich, mit dem Unterbewusstsein, mit Gedankenformen oder mit gespeicherten Energien einer lebenden Person zu kommunizieren. Das ist häufig beim Finden und Auflösen von Lebensblockaden sehr hilfreich oder auch beim Erkennen von Krankheitsursachen. Du siehst, es hat viele Vorteile, sich auf das Gespräch mit der Seele einzulassen.

Mediales Empfangen wird dir nicht die Probleme des Lebens abnehmen, aber es lässt dich diese aus einer klareren und kraftvolleren Position heraus meistern – und vor dem einen oder anderen unnötigen Problem kann es dich sogar bewahren. Ich denke da zum Beispiel an eine liebe Kollegin, die von ihrer Geistfreundin aufgefordert wurde, ihre Geldbörse genau an jenem Tag nicht in der Handtasche zu verwahren, als ihr diese auf einer Veranstaltung gestohlen wurde. Es gibt viele andere Beispiele dieser Art. Vielleicht kennst du sie schon aus deinem Leben, etwa wenn dich ein seltsames Bauchgefühl vor einer unangenehmen Situation bewahrt hat. Du musst nicht immer ganze Sätze hören, um die Signale deines Schutzengels wahrzunehmen. So sind mir beispielsweise mehrere Personen bekannt, die herabstürzenden Gegenständen um Haaresbreite ausweichen konnten oder sogar einen Autounfall vermeiden konnten, weil sie im richtigen Augenblick einem Impuls gefolgt sind. Auch mir erging es oftmals so. Einmal, als kleines Mädchen, war ich mit einer Freundin während eines Gewitters auf dem Weg zu ihr, weil wir dort spielen wollten. Eine riesige Dachpappe segelte vom Dach meines Wohnhauses und prallte mit einem lauten Donnern genau dort auf, wo wir eben noch gelaufen wären, wenn ich nicht plötzlich Lust bekommen hätte, ein spontanes Wettrennen zu starten. Meinem Vater stand der Angstschweiß auf der Stirn, als er das Ganze von unserem Balkon aus sah. Ja, genau so ein unbegründeter Impuls kann bereits die Kommunikation mit deiner Seele, deinem Schutzengel oder deinem Geistführer sein. Kennst du das? Hast du diesen oder einen ähnlichen inneren Schubs schon einmal gespürt?

Was macht Medialität mit Körper, Geist und Seele?

Die Sprache deines Herzens, die Signale
deines Körpers und die Stimme deiner Seele
weisen dir deinen Weg.

Die Auswirkungen oder auch Nebenwirkungen medialer Aktivitäten lassen sich schwer verallgemeinert darstellen. Dafür müssen wir das Gesamtbild betrachten, und das setzt sich aus mehreren Komponenten und Einflussbereichen zusammen. So zum Beispiel aus der Beschaffenheit der Psyche des Mediums, seinen Gewohnheiten und seinem Lebensstil, seinem Energieniveau, dem Energieniveau des gechannelten Wesens oder Informationsfeldes und vielen weiteren Faktoren.

Was bewirken mediale Aktivitäten in unserem Körper?

Eine bewusste Schwingungserhöhung
steigert auch die Vitalität des Körpers.

Im Idealfall bewirkt mediales Wirken eine Aktivierung des Energiesystems des Mediums. Bist du also in einem Energieaustausch mit hochenergetischen Wesen, ist es möglich, dass du infolgedessen aufgekratzt bist, einen Energieüberschuss hast, vor Kreativität nahezu strotzt und die To-do-Liste der nächsten vier Tage gleich auf einmal abarbeitest. In der Regel brauchst du aber spätestens danach eine Ruhephase, um das Gleichgewicht des Körpers zu achten. Regelmäßige mediale Kontakte sollten im Einklang mit einer Pflege des Energiekörpers stehen. Denn es kann durch die gechannelten Energien auch zu "Verstopfungen" oder "Blähungen" im Körper kommen, wenn man darauf nicht vorbereitet ist. Plötzliche Hitzewallungen, Schweißausbrüche, Druckgefühle oder Kopfschmerzen können zum Beispiel die Folge von zu hohen Energien bei einem ungeübten Energieskelett sein. Stell dir das vor wie bei einem Sportler: Ein Leistungssportler kann ebenfalls nicht gleich von null auf hundert loslegen, sondern muss seinen Körper erst an seine Aufgabe gewöhnen. So ähnlich ist es bei medialen Übertragungen. Die Energie, die freigesetzt wird, muss auch fließen können. Gibt es Blockaden im Körper, kann das langfristig sogar körperliche Störungen verursachen.

Ich bin der Meinung, dass ein Zustand von permanenter medialer Aktivität nicht unser Normalzustand ist, da wir unsere Sinne im Einklang mit der materiellen Welt um uns gebrauchen müssen, um lebensfähig zu sein. Wir tragen außerdem durch Umwelteinflüsse, unsere Ernährung und andere Störfaktoren zusätzliche Blockierungen in uns, die unser System beschweren. Selbst für einen Profi wäre es relativ schwer, ununterbrochen medial geöffnet zu sein. Der Körper braucht sein Gleichgewicht. Achte bitte darauf!

Durch die Öffnung deiner medialen Sinne kann sich außerdem auch deine Körperwahrnehmung steigern und ebenso deine körperliche Empfindlichkeit. Du kannst dadurch schnell erfühlen, was dir und deinem Körper nicht zusagt. Vielleicht scheust du plötzlich Nahrungsmittel, die du früher noch gegessen oder getrunken hast. Das ist eine Folge der Sensibilisierung deines Körpers, die sich auf deine persönliche Gesundheit ausrichtet. Gehst du im Einklang mit der Entwicklung, die die mediale Aktivität dir bietet, sorgsam mit deinem Körper um, wirst du sehr wahrscheinlich eine Steigerung deiner Vitalität erfahren.

Hast du jedoch Kontakt zu niederenergetischen Wesen in der Übertragung, sind zu viele Störfaktoren in der Umgebung oder bist du während des Prozesses zu unkontrolliert offen, können die Folgen Energieverlust, Müdigkeit, Kälteempfindungen, Mattigkeit und Erschöpfung sein. Es ist auch möglich, dass du bei fehlender Abgrenzung Schmerzen und die Niedergeschlagenheit einer anderen Person, die anwesend ist oder für die du die Übertragung machst, abbekommst. Darum ist es als Medium sehr wichtig, sich selbst gut zu kennen und gut beobachten zu können, damit man solche Empfindungen unbeschadet als Durchgaben durchlaufen lassen kann.

Wie wirken mediale Aktivitäten auf unseren Geist?

Nutzen wir unseren Geist, um unser Bewusstsein
zu erweitern, erfahren wir uns als Teil des
großen Geistes, der alles durchdringt.

Um zu beschreiben, was mediale Aktivitäten mit unserem Geist
machen, ist es notwendig, den Begriff "Geist" erst einmal zu um-
reißen. Ehrlich gesagt ist das gar nicht so einfach, denn wir benutzen
ihn in unserem Sprachgebrauch für verschiedene Bedeutungsebenen.
Sie reichen vom primitiven rationalen Verstand bis hin zum großen
göttlichen Geist. Dazu kommen noch die Bezeichnung "Geist" für
Geistwesen oder Verstorbene und auch für eine Grundstimmung
oder Essenz, beispielsweise in einer bestimmten Epoche. Letzteres
ist hier nicht gemeint. Wir können davon ausgehen, dass unser ko-
gnitiv trainierter Verstand nur einen kleinen Teil unseres gesamten
geistigen Potenziales darstellt. Unser Verstand, unser Denken und
die daraus resultierenden Schlussfolgerungen basieren in der Regel
auf dem, was wir kennen, bereits erfahren haben und einordnen
können. Es fällt unserem logischen Verstand jedoch schwer, sich auf
Dinge auszuweiten, die er nicht kennt und nicht vergleichen kann.
    Neben dem verstehenden, logisch wirkenden Geist haben wir
auch einen kreativen Geist, der uns dazu befähigt, zu träumen und
zu imaginieren. Designer und andere gestaltend Tätige benutzen
diesen Teil ihres Geistes ganz besonders. In ihm liegt auch die Gabe
der Visualisation, also der Vorstellungskraft. Mit diesem Teil des

Geistes kreieren wir. Hier sind wir schöpferisch tätig, jedoch zunächst auch nur im Rahmen des bereits Vorstellbaren.

Und dann ist da noch der göttliche Funke in uns, der als Geist bezeichnet wird und der uns mit dem großen göttlichen Geist und Bewusstsein verbindet. Dieser Teil ist unsere Verbindung zur göttlichen Intelligenz und zum schöpferischen Willen. Wenn wir je erfassen wollen, was die Schöpfung für eine Bedeutung hat, dann tun wir das sehr wahrscheinlich mit diesem Teil des Geistes – und dieser Teil des Geistes ist auch unsere Verbindung zur geistigen Welt. Er ermöglicht uns die bewusste Kommunikation mit anderen Wahrnehmungsebenen.

Im besten Fall sollte die mediale Öffnung der Bewusstseinserweiterung dienen. Das heißt, wir wollen Dinge erfahren, die uns unser auf bisherige Erfahrungen und Wissensbereiche begrenzter Verstand nicht geben kann. Die mediale Verbindung mit höheren Bewusstseinsebenen kann unsere eigene Bewusstseinsebene anheben, und so sind wir in der Lage, mehr der unendlichen Realitäten zu erfassen als bisher, können unsere Kreativität erhöhen, da wir nun mit für uns neuen Impulsen in Kontakt treten, und können unseren Verstand mit den neuen Informationen und Wahrnehmungen füttern, so dass auch er sein Wirkungsfeld vergrößern kann. Wenn wir Medialität für unsere Bewusstseinserweiterung nutzen und die Verbindung zum Geistigen schulen, wird beides im Laufe der Zeit stärker werden. Unsere Realität wird sich um neue Wahrheiten und Möglichkeiten erweitern, unsere schöpferische Kreativität wird stärker und wir können immer leichter auf Informationen des geistigen Bewusstseinsfeldes zugreifen. Je nachdem, auf welchen Zugang wir uns einschwingen, ist es möglich, auf die sogenannte Akasha-Chronik zuzugreifen, auf verschiedene Bewusstseinsfelder, wie zum Beispiel die Bewusstseinsnetze von Tieren, Pflanzen und Mineralien, das Zellbewusstsein unseres Körpers, das Stammesbewusstsein unserer Ahnen, das kollektive Unterbewusstsein und andere Informationsfelder.

Im optimalen Fall kann der Geist durch regelmäßige mediale Aktivitäten also erweitert werden. Im schlimmsten Fall kann es zu geistiger Verwirrung kommen. Das passiert vor allem dann, wenn die neuen Wahrnehmungen und Erfahrungen falsch verknüpft werden oder die Wahrnehmungserweiterung künstlich erzeugt wird und nicht zum Bewusstseinsstand des Mediums passt. Aber auch geistige Einengungen kann es geben. Das kann zum Beispiel dann vorkommen, wenn sich ein Medium vorwiegend mit niederenergetischen Wesen umgibt und sich zu sehr auf diese fokussiert oder sich von ihnen manipulieren lässt. Oftmals hält eine solche Person dabei an einer Information oder Position fest, die sie als Wahrheit sehen will, und lässt nichts anderes mehr zu, um diese vermeintliche Wahrheit aufrechterhalten zu können.

Was bedeuten mediale Aktivitäten für unsere Seele und unsere Psyche?

Je bewusster wir unsere Verbindung
zu unserer Seele pflegen, desto erfüllter
folgen wir unserem Lebensplan.

Auch an dieser Stelle möchte ich zunächst auf die verschiedenen Begrifflichkeiten eingehen, die oft allgemein als "Seele" benannt werden. Leider werden diese Begriffe häufig nicht differenziert.

Das, was wir gemeinhin als Seele bezeichnen, ist das Lichtwesen, dass wir sind in all seiner Unsterblichkeit. Die Seele bezeichnet unser spirituelles Wesen. Sie existiert über den Tod hinaus und kann meiner Meinung nach unglaublich vieles unbeschadet überstehen. Unsere Psyche hingegen ist etwas jünger, sie bezieht sich auf unser aktuelles Leben. Sie ist so etwas wie unser aus Erfahrungen und Emotionen bestehendes Energie- und Leidensfeld. Die Persönlichkeit beschreibt unser gefestigtes Ich, zusammengesetzt aus Charakter, Psyche, Verhaltensmustern, Idealen, Tugenden, Fähigkeiten und Motiven.

Unsere Seele hat Einfluss auf diese unsere Gesamtpersönlichkeit. Auch Anteile und Erfahrungen aus früheren Leben können in unserer Persönlichkeit bestehen. Regelmäßige mediale Aktivitäten haben sowohl einen Einfluss auf unsere Seele als auch auf unsere Psyche. Um ein sicheres Medium zu sein, ist es daher wichtig, dass man eine gewisse psychische Grundstabilität hat. Andernfalls kann die Psyche durch die Wahrnehmungen und Übertragungen zu stark beansprucht werden und emotionale wie auch psychische Instabilität können die Folge sein. Im schlimmsten Fall kann die mediale Kommunikation sogar zu Wahnvorstellungen und Besessenheit führen. Von Größenwahn bis hin zu Beziehungswahn, Liebes- und Verfolgungswahn habe ich schon alles beobachten können. Das Kommunizieren mit Geistwesen kann also durchaus auch Gefahren mit sich bringen, und je nachdem, ob der Channel aus Unerfahrenheit mit Schemen, Elementalen oder niederenergetischen Wesen kommuniziert oder ob er entsprechend seiner Persönlichkeitsstruktur für bestimmte Themen anfällig ist, kann das Ergebnis sich auch negativ auswirken.

Ich glaube, dass Priester in der alten Zeit eine Art psychisches Training erhielten, das sich in ihre Persönlichkeit integriert hat. Die Psyche wurde meiner Meinung nach darauf geschult, dem medialen Empfangen gewachsen zu sein. Diese Erfahrungen können prägend gewesen sein und sich in weitere Inkarnationen übertragen. Menschen, die solche Prägungen in sich tragen, haben in der Regel eine sehr belastbare Psyche sowie einen schnelleren und leichteren Zugang zur medialen Kommunikation. Wenn ein Mensch zu psychischer Labilität neigt, rate ich davon ab, mediale Öffnungen zu forcieren.

Bei einer stabilen Persönlichkeit wird durch mediales Wirken in der Regel die Verbindung zur Seele gestärkt. Das ist ein sehr kraftbringender Prozess, der im Laufe der Zeit eine allgemeine Grundstärke, innere Sicherheit und Bewusstheit mit sich bringt. Durch die Verbindung zur Seele hat man die Möglichkeit, die Kräfte der Psyche zu stärken, zu klären und zu erweitern. Bei Volltrance-Medien findet dieser Verbindungs- und Austauschprozess oftmals nicht oder nicht vollständig statt. Sie bleiben in der Regel in ihrem Energiefeld, lassen den medialen Vorgang vertrauensvoll geschehen und setzen sich nicht weiter mit den Energien und Einflüssen der Übertragung auseinander.

Die Geschichte des Mediumismus

Schamanen, Seher und Propheten übermitteln seit
jeher Botschaften aus der geistigen Welt.

Ich komme nun zur Geschichte des Mediumismus, um einen
Einblick in die Möglichkeiten und Erfahrungen von Medien aus
der Vergangenheit zu bieten und um aufzuzeigen, dass Channeling
gar nichts Neues ist in der Menschheitsgeschichte. So kannst du
dich davon inspirieren lassen und für dich nachfühlen, in welche
Richtung du dich entwickeln möchtest.

Uralte religiöse und kulturelle Wurzeln

Das mediale Empfangen und Übertragen von Botschaften aus
der geistigen Welt ist in der Geschichte der Menschheit gar nichts
so Ungewöhnliches. Bereits die großen Kulturen unserer Welt hatten ihre Götter und Mythen und entsprechende Personen wie

Priester, Medizinmänner, Schamanen, Druiden, Seher, Propheten und Barden, die die Botschaften dieser Wesen an die Menschen weitergaben. Der Schamanismus ist dabei wahrscheinlich die älteste Form religiösen Denkens und Handelns. Erste nachweisbare schamanische Formen existierten vermutlich bereits 30.000 Jahre vor unserer Zeit. Schamanen waren seit jeher eine Art Vermittler zwischen Diesseits und Jenseits, die mithilfe der Unterstützung aus dem Jenseits der Gemeinschaft oder einzelnen Personen halfen. Der Schamane nahm dafür in einer Form von Ekstase Kontakt mit verschiedenen Wesen und Zuständen auf, die er zum Teil beherrschen musste. Besonders bekannt und spektakulär waren und sind zum Beispiel die Kontaktaufnahme oder sogar der Kampf mit Geistern zur Heilung von kranken Menschen. Der Schamanismus gilt noch heute als weltweit verbreitetstes Religionsphänomen.

Priester nahmen von Beginn an eine religiöse Mittlerrolle zwischen einer oder mehreren festen Gottheiten und dem Menschen ein. Bis auf die Priester des jüdischen Tempeldienstes zeichneten sich die Priester dadurch aus, dass sie als göttliche Stellvertreter wirkten und walteten. Priesterstände mit geordneten Regeln, Rechten und Pflichten entwickelten sich. Die Priesterschaft wurde im Vergleich zum Schamanismus meistens eher als Amt vergeben und einem nicht unbedingt als Berufung aus der geistigen Welt mit in die Wiege gelegt. Die Aufgabe eines Priesters oblag in archaischen Kulturen noch oft dem König, ging aber mit der Zeit an das Priestertum über, das sich ausgiebig den speziellen Anforderungen und sakralen Riten widmen konnte und den Menschen den Willen der Gottheit kundtat. In der Antike hatten Orakel, insbesondere das Orakel von Delphi, einen sehr guten Ruf. Es gab auf rituelle Befragungen Antwort und galt als äußerst angesehen. Die Pythia, eine weibliche Priesterin, versetzte sich bei der Übertragung wahrscheinlich durch das Einatmen von Gasen in die erforderliche Trance, und ihre Botschaften wurden von den Apollon-Priestern gedeutet. Das Orakel von Delphi wurde vor allen wichtigen politischen Entscheidungen befragt.

Kleine und große Glaubensrichtungen haben ihren Ursprung häufig in Visionen, Botschaften oder Eingebungen aus der geistigen Welt. Die drei großen monotheistischen Religionen fußen ebenso auf solchen Botschaften, denn sie sind von sogenannten Propheten verkündet worden. Ein Prophet ist laut Definition eine Person, die sich durch Gott berufen sieht, eine Religion als Aussage des Gottes, der sich ihr mitteilt, zu verkünden. Das Wort "Prophet" stammt aus dem Griechischen und bedeutet "Sendbote" oder "Fürsprecher". Propheten sind nicht nur Übermittler von Zukunftsprophezeiungen, sondern übertragen auch Weisheiten, Lehren, Kritik und Verhaltensvorschläge für die Gegenwart.

Bereits im Zusammenhang mit den drei großen monotheistischen Religionen Christentum, Judentum und Islam sind und waren die Themen "Channeling" oder auch "Prophetie" ein zweischneidiges Schwert. Einerseits war es etwas besonders Heiliges, von Gott inspiriert und wahrhaftig. Andererseits war es für den Einzelnen neben den bereits bestehenden prophetischen Schriften oft eher unerwünscht. Im Judentum hatte die Prophetie besonders zwischen 1000 bis 200 vor unserer Zeit eine herausragende Rolle. Viele Propheten und "Sendboten" Gottes fühlten sich berufen und übermittelten sein Wort beharrlich dem Volk. Ein großer Teil dieser Botschaften ging auch in den Tanach, die hebräische Bibel, ein.

Besonders bekannte Propheten waren unter anderem Samuel, Jesaja, Jeremia und Hesekiel. Im Christentum begegnet uns Mose, der mit Gott durch einen brennenden Dornbusch gesprochen hat, um zu erfahren, dass er die Israeliten aus der Sklaverei befreien sollte, und der als Verkünder und Vermittler der Worte und Gesetze Gottes galt. Auch Johannes der Täufer, der die Ankunft des Messias ankündigte, galt als christlicher Prophet. Die Bibel selbst, die als heiliges Buch gilt, enthält eine Sammlung von Schriften, die für Judentum wie Christentum das Wort Gottes enthalten.

Anfangs galt die christliche Prophetie noch als etwas fast Alltägliches und als wenig aufsehenerregend. Später wird auch in der Bibel vor falschen Propheten gewarnt. Je mehr die christliche Religion an Macht gewann, desto unerwünschter waren prophetische Eingebungen einzelner Personen. Ganz sicher hatte dies auch mit der christlichen Machtstruktur zu tun, denn ein ganzer hierarchischer Apparat lief Gefahr, seine Daseinsberechtigung zu verlieren, wenn der Einzelne selbst mit Gott sprechen konnte. Heilige wurden daher oft in einem Atemzug mit Ketzern genannt. In der Machtzeit der großen monotheistischen Religionen verschwanden auf diese Weise die Propheten oder Sprecher des Göttlichen immer mehr.

Der Islam hat seinen Propheten in Mohammed, der die Aussagen Erzengel Gabriels verkündete, um den Glauben an Allah als den einzigen Gott wiederherzustellen. Festgehalten ist dies im Koran, der heiligen Schrift des Islams. Auch im Islam wird es nicht allzu gern gesehen, wenn außer Mohammed andere, wie zum Beispiel die Sufis, den direkten Zugang zu Gott suchen. Ferner waren im Alten Orient Gottesbotschaften und Offenbarungen keine Seltenheit – obgleich sie hier so manches Mal bereits einen seltsamen Beigeschmack bekamen, insbesondere dann, wenn es in den Botschaften nur oder hauptsächlich um die Verherrlichung und Legitimierung der Königshäuser ging. Diese Übermittlungen werden inzwischen gern als Hof- und Heilsprophetie bezeichnet und deuten bereits damals auf die Möglichkeit des Missbrauchs beim Channeling hin. Aber auch Unheilsprophetien sind bekannt, wie zum Beispiel Untergangsszenarien oder die Ankündigung von Gottes Gericht.

Wir finden mediale Botschaften also bereits über einen langen Zeitraum in unserer Geschichte. Von Anfang an bewegten sich die Meinungen darüber innerhalb einer extremen Polarität von umstritten bis "absolutes Wort der Wahrheit". Nur ihre Position zum Thema veränderte sich: Die Gegner in der frühen Geschichte neigten gemeinhin eher dazu, das Thema für den Einzelnen zu verbieten oder zu verteufeln. Sie stritten nicht unbedingt die Möglichkeit der Existenz des Phänomens des Empfangens und Übermittelns göttlicher oder geistiger Botschaften ab, sondern lehnten den Einzelnen ab, der zu solchen Mitteln griff. Seit dem Triumph des Rationalismus sind Gegner dieser Thematik eher bestrebt, sie als nicht beweisbaren Humbug abzustempeln. Selbst wenn wissenschaftliche Beweise und Tests bereits das Gegenteil zeigen konnten, bleiben sie oft gern nach wie vor bei ihrer Meinung, und Wissenschaftler, die bei diesen Untersuchungen und Tests die Richtigkeit von Phänomenen wie Mediumismus bestätigen, laufen noch heute Gefahr, ihre Glaubwürdigkeit zu verlieren.

Berühmte Medien

Lerne aus den Wegen,
die andere bereits beschritten haben!

Bekannte Medien der Vergangenheit geben uns bereits ein wertvolles Erbe und wir können viel von ihnen lernen. Wie bereits erwähnt waren Phänomene wie das Channeling zur Blüte- und Machtzeit der großen Religionen, insbesondere zu der des Christentums, nicht besonders gern gesehen und fielen häufig unter die Kategorie der Hexerei. Etwa ab dem achtzehnten Jahrhundert kamen dann deutlicher auch philosophische Ansichten ins Spiel, die christliche Anschauungen und Mediumismus nicht voneinander trennten. Wissenschaft, Wissensdurst, Dichtkunst und religiöser Erkenntnisdurst schlossen sich nicht mehr aus, Mystiker bahnten sich ihren Weg und spirituelle Orden wurden gegründet oder wieder aktiver.

Ein bekannter Wissenschaftler, Mystiker und ein Channel dieser Zeit war Emanuel Swedenborg (1688-1772), der mit seinen Anschauungen unter anderem bedeutende Dichter wie Johann Wolfgang von Goethe, William Blake, Charles Baudelaire und Honoré de Balzac beeinflusst haben soll. Swedenborg hatte seine

Thesen nach eigener Aussage mithilfe von Engeln und Geistern entwickelt und war sehr stark von der Bibel beeinflusst. Seiner Auffassung nach waren Engel, Geister und Menschen Auffanggefäße der göttlichen Liebe und Weisheit, die alles durchströmt. Der eigentliche Mensch ist nach seiner Überzeugung Seele, die von der Geisterwelt gesehen werden kann; sein Körper sei nur Organ. Swedenborg warnte davor, dass die von Geistern empfangenen Botschaften jedoch mit Vorsicht zu genießen seien, da sie der jeweiligen moralischen und seelischen Entwicklungsstufe des Menschen entsprechen und wahr oder falsch sein könnten.

Mit dem aufkommenden Interesse am Spiritismus im neunzehnten Jahrhundert wurde dem Mediumismus schließlich nicht nur in Form von spirituellem Erkenntnisdrang nachgegangen, sondern er wurde zu einem interessanten und öffentlichkeitstauglichen Phänomen, das angewendet und untersucht werden wollte. Zu einer ersten verbreiteten Übersicht trug der Franzose Allan Kardec (1804-1869) bei. Als Lehrer der Wissenschaften wollte er den spiritistischen Phänomenen auf den Grund gehen. Er selbst war kein Medium und stellte seine Fragen über die geistige Welt und ihre Zusammenhänge mithilfe verschiedener Medien zusammen. Die Ergebnisse waren mehrere Bücher über Geister, Medien und Spiritismus, die für viele esoterisch Interessierte als Grundlagenwerke galten und auch heute noch gelten.

Ein sehr bekanntes Medium des neunzehnten Jahrhunderts, das den Mediumismus im wahrsten Sinne des Wortes publikumstauglich machte, war Daniel Dunglas Home (1833-1886), der besonders durch paranormale Phänomene wie Levitation große Aufmerksamkeit errang. Er hatte erste Visionen im Alter von vier Jahren. Mit dreizehn sprach er mit einem Freund namens Edwin, den er als verstorben identifizierte. Es stellte sich heraus, dass dieser Edwin tatsächlich drei Tage zuvor verstorben war. Später kamen zu seiner Hellsicht und seiner Fähigkeit, mit Geistern zu sprechen, schwebende Tische und Klopfgeräusche, läutende Glocken, schwatzende Geisterstimmen, aus dem Nichts auftauchende Hände und andere Phänomene hinzu. 1852 soll er sogar selbst vor Zeugen geschwebt sein. Home bemerkte, dass die Geister auch auf seine charakterliche Entwicklung reagierten, und er war der Meinung, dass sein Kontakt zu den Geistern am besten funktionierte, wenn er die materielle Seite seiner Natur unterdrückte. Zu diesem Zweck fastete er beispielsweise. Über 35 Jahre lang erweckte er großes Aufsehen, bis er sich schließlich zurückzog. Sein Weg führte ihn von Schottland und England bis nach Europa. Zahlreiche Prominente, zu denen auch Adlige und Politiker zählten, schenkten ihm Interesse, und bis zum Schluss hatte es kein Kritiker geschafft, ihm Betrug nachzuweisen. Stattdessen gab es unzählige Berichte über die Erscheinungen und Manifestationen während seiner Veranstaltungen.

Eine weitere sehr wichtige Persönlichkeit, die mittels ihrer Fähigkeiten und des Kontaktes zu geistigen Meistern eines der bekanntesten Standardwerke der Esoterik verfasste und dazu beitrug, dass die geheimen Lehren des Altertums in die westliche Welt gelangen konnten, war Helena Petrovna Blavatsky (1831-1891). In Russland geboren, zog es sie quer durch die Welt nach Afrika, Europa, Amerika und Asien. In Ägypten gründete sie eine Gesellschaft zur Erforschung spiritistischer Phänomene, schloss diese aber enttäuscht wieder, weil es nicht ihr Bestreben war, nur die oberflächliche Sensationslust nach Klopfphänomenen und Ähnlichem zu befriedigen. Blavatsky schrieb im Laufe ihres Lebens für mehrere Zeitschriften und veröffentlichte mehrere sehr umfangreiche Bücher; ihre bekanntesten Werke sind *Die Geheimlehre* und *Isis entschleiert*. 1875 wurde sie auf Anregung eines ihrer geistigen Lehrer Mitbegründerin der Theosophischen Gesellschaft, unter anderem um eine Verbindung zwischen Religion, Wissenschaft und Philosophie zu bewirken, spirituelle und natürliche Gesetze aufzuklären und zu erforschen sowie um die dem Menschen innewohnenden Kräfte und die spirituelle Entwicklung der Menschheit zu fördern. Sie kämpfte gegen den rationalen sowie materialistisch ausgerichteten Dogmatismus, der nur die Wissenschaft ernst nahm, die Augen vor neuen oder spirituellen Themen aber verschloss.

Ein weiteres besonders bekanntes Medium des neunzehnten Jahrhunderts war Edgar Cayce (1877-1945). Cayce, der später den Titel der "schlafende Prophet" bekam, versetzte sich für seine Sitzungen in Trance und gab dabei gechannelte Antworten auf Fragen zu Themen wie Gesundheit, Astrologie und Reinkarnation. Auch das Thema Atlantis war ein forciertes Thema seiner Arbeit. Seine Klienten nannten ihm gewöhnlich Namen, Geburtsort und Geburtsdatum von meistens nicht anwesenden Personen, und er konnte ihnen Informationen über ihre Krankheiten, deren Details sowie Ursachen und Möglichkeiten zur Heilung geben. Durchsagen, die nicht mit seinem eigenen Glaubenssystem übereinstimmten, verwirrten ihn, und er gab an, dass er sich nach den Sitzungen nicht mehr an deren Inhalt erinnern könne. Das spricht dafür, dass er währenddessen in Volltrance ging. Er sah seine Aufgabe darin, den Menschen dabei zu helfen, ein besseres Leben zu führen. Während dreiundvierzig Jahren medialer Durchgaben kam es durchaus auch zu Fehlaussagen. Diese machten seine Kritiker insbesondere an nicht eingetroffenen prophetischen Aussagen fest. Vermutlich stand sich Cayce mit seinen eigenen Wertvorstellungen etwas im Weg. Man darf jedoch nicht außer acht lassen, dass die Zukunft beweglich und wandelbar ist, und sollte als Gegengewicht die vielen Menschen betrachten, denen er mit seinen Aussagen beispielsweise zur Heilung ihrer Krankheiten verhalf. Cayce war ein christlich orientierter Mensch, der von Channeling nicht sehr viel hielt; er glaubte, dass seine Aussagen über das Unbewusste zu ihm kamen. In den vielen Jahren der Übertragungen und Durchgaben sind eine Menge Informationen zusammengekommen. Wer sich für seine Arbeit interessiert, kann eines seiner Bücher erstehen oder sich im Edgar-Cayce-Center nach weiteren Informationen erkundigen.

Viele interessante Persönlichkeiten der Vergangenheit inspirieren uns noch heute mit ihrem Lebenswerk. So möchte ich es auf keinen Fall verpassen, auch Carl Gustav Jung (1875-1961) in diesem Kapitel zu erwähnen, denn der Psychoanalytiker hat unsere heutige Psychologie entscheidend geprägt. Seine Beiträge und Forschungen zum Thema Persönlichkeitsstruktur und Unbewusstes sind ein sehr wichtiger Bestandteil der heute praktizierten Psychotherapie, und auch ihm waren Botschaften, die er Gestalten aus seinem Unterbewusstsein zuschrieb, nicht unbekannt. So begegneten ihm bei der Erforschung seines Unterbewusstseins unter anderem die drei Gestalten Elias, Salome und Philemon, mit denen er sich unterhalten konnte. Er war der Auffassung, dass diese ihm die Erkenntnis gaben, dass es Dinge in der Seele gibt, die ohne sein bewusstes Zutun geschehen und die ein Eigenleben zu haben scheinen. Er identifizierte diese Gestalten zwar als Phantasiefiguren, bemerkte jedoch in den Gesprächen deren Eigenständigkeit, besonders da sie Gedanken aussprachen, die er selbst nicht gedacht hatte. Er channelte also sehr wahrscheinlich über sein Unbewusstes. Jungs Forschungen zur menschlichen Psyche sind meiner Meinung nach sehr mutig gewesen für seine Zeit und regelrecht bahnbrechend für die Entwicklung der heutigen Psychologie. Ich arbeite selbst mit großem Erfolg mittels Tiefenmeditationen mit meinen Klienten, in denen sie mit Anteilen ihres eigenen Selbst oder ihrer Vergangenheit kommunizieren, um unangenehme Muster und Unbewältigtes aus der Vergangenheit aufzulösen und zu bearbeiten. – Wie du siehst, sind über das mediale Empfangen also nicht nur spannende Informationen oder religiös geprägter Lebensrat, sondern auch große Forschungen und Heilungen möglich.

Aber auch okkulte, spirituelle und magische Themen wurden gechannelt und angewendet. Dion Fortune (1890-1946) zum Beispiel war Okkultistin, Rosenkreuzerin und Theosophin. Als studierte Psychologin, die sich stark für spirituelle Themen interessierte, führte sie ihr Weg durch einige bekannte Mysterienschulen und Orden, darunter Ableger der Theosophischen Gesellschaft und der Alpha- & Omega-Tempel. Schließlich gründete sie ihre eigene Organisation, die "Bruderschaft des Inneren Lichts", die noch heute existiert. Nach eigenen Angaben war Dion Fortune in Kontakt mit verschiedenen Meistern der Weisheit. Als praktizierende Magierin veröffentlichte sie viele Bücher, insbesondere über spirituelle, mystische und okkulte Themen. Die meisten davon sind unter ihrem bekannten Pseudonym, einige aber auch unter ihrem richtigen Namen Violet Mary Firth erschienen. Besonders bekannt sind hierbei *Die kosmische Doktrin*, *Selbstverteidigung mit PSI*, *Mondmagie* und *Die Seepriesterin*.

Eine andere Autorin, die auf der Suche nach Möglichkeiten für eine liebevollere Lebensweise ihr bekanntes Buch *Ein Kurs im Wundern* verfasste, war die amerikanische Psychologin Helen Schucman (1909-1981). Ihren Angaben zufolge schrieb sie ihr Buch während eines Zeitraums von sieben Jahren nach den Durchgaben einer inneren Stimme. Der *Kurs* beinhaltet einen Weg, wie Beziehungen durch Vergebung geheilt werden können und wie man zu einem friedvollen Leben in gegenwärtiger und bewusster Liebe finden kann. Als Heilungsprozess wird dabei eine Veränderung im Denken gelehrt. Helen Schucman vermittelt den Inhalt dabei in Verbindung mit ihrer christlichen Anschauung. Zunächst wollte sie das dreibändige Werk gar nicht veröffentlichen, da sie befürchtete, verrückt zu werden und ihren Ruf als Professorin für Psychologie zu gefährden. Inzwischen ist das Buch über 1,7 Millionen Mal verkauft und in sechzehn Sprachen übersetzt worden. Der *Kurs* breitete sich in einer regelrechten Bewegung aus in Form von Ausbildungsgruppen, Diskussions- und Heilungszentren, die sie nicht selbst gründete, da sie keinen guruhaften Kult erschaffen wollte.

Eine weitere bekannte mediale Autorin im esoterischen Bereich war Jane Roberts (1929-1984). Sie channelte in Trancesitzungen eine Wesenheit namens Seth. Bei Experimenten mit einem Ouija-Brett entstand erstmals der Kontakt zu Seth, mit dem sie von da an regelmäßig Trancesitzungen hielt. Die Botschaften, die sie dabei erhielt, wurden von ihrem Mann aufgezeichnet und führten zu den bekannten Seth-Büchern, die sich meiner Meinung nach von anderen Channelingwerken besonders durch ihre angenehme Lesbarkeit unterscheiden. Seth hat eine präzise, beinahe wissenschaftliche und dennoch verständliche Ausdrucksweise und neigt nicht zu überflüssigen Floskeln, Angst machenden Prophezeiungen oder an Gehirnwäsche erinnernden Wiederholungen. Er ist, wie ich beim Lesen bemerkte, für einen "Feinstofflichen" weniger poetisch, dafür aber sehr sachlich. Die Themen sind interessant und aufklärend. Sie befassen sich mit Theorien über die menschliche Psyche und Persönlichkeit, Multidimensionalität, verschiedene Realitäten, die Relativität der Zeit, Liebe, Kreativität, Sexualität, Glaubenssätze, Schöpferkraft und anderes. Auch Jane Roberts gründete bewusst keine Gesellschaft oder Schule, da dies Seths Botschaften über Selbstverantwortung und Eigenwahrnehmung widersprach. Sie hielt jedoch regelmäßige Channelingsitzungen, in denen die Teilnehmer persönliche Fragen an Seth stellen konnten.

Ein anderer bekannter amerikanischer Channel ist Lee Caroll. Er sieht sich als Medium für das Energiewesen Kryon und hat mehrere Bücher mit dieser Wesenheit als Quelle verfasst. Kryon bezeichnet sich als Wesen, das den Menschen beim Bewusstseinswandel in ein neues Zeitalter helfen will und zu dessen Aufgaben es gehört, das Magnetfeld der Erde umzugestalten, damit dieser Bewusstseinswandel stattfinden kann. Dieses Thema spiegelt sich fortlaufend in seinen Büchern wider. Lee Carroll hat keinen psychologischen Hintergrund, sondern er studierte ursprünglich Betriebswirtschaft und leitete lange Zeit eine Audiotechnikfirma, ehe er sich ganz offiziell der Esoterik zuwandte. 1991 rief er zusammen mit Jan Tober die "Kryon-Lichtgruppen" ins Leben, die über die Grenzen Amerikas hinaus Bekanntheit erreichten. Großveranstaltungen, Seminare und Ausbildungen werden auch in Deutschland angeboten und haben teilweise einen etwas sektenhaften Charakter. Eigene Symboliken und Rituale wurden eingeführt, teilweise zu Themen, die einem Normalsterblichen durchaus abstrus und nicht nachweisbar erscheinen können.

Es gibt im Übrigen inzwischen sehr viele Kryon-Channels. In Deutschland, Österreich und der Schweiz ist zum Beispiel die Journalistin Barbara Bessen für ihre Kryon-Channelings sehr bekannt.

Viele weitere Channels überfluten inzwischen die esoterische Welt der Neuzeit. Der Markt ist regelrecht übersät von ungeprüften Durchgaben. Aber wie kann man sie auch prüfen? Es kann für einen Einsteiger auf dem Gebiet oft nicht wirklich nachvollzogen werden, wen diese vielen Medien tatsächlich durchgeben. Hier gilt, wie bei allem gechannelten Material: Wenn es dir persönlich etwas für dein Leben gibt und dir guttut, nutze diese Informationen, nachdem du sie mit deinem eigenen Bauchgefühl überprüft hast! Ich weiß, dass es die Wesenheit Kryon gibt – und auch viele andere Wesen, die sich so nennen, um sich Gehör zu verschaffen. Es gibt jedoch gute Medien und ebenso Kanäle, die schnell in ihrem Ego hängen bleiben, wenn ein "hohes" Wesen mit ihnen spricht, und es ist für Neueinsteiger nicht besonders leicht, die Spreu vom Weizen zu trennen. Unzählige Menschen glauben, mit Heiligen, Göttern, Engeln oder Jesus zu sprechen. Einige von ihnen tun dies auch, andere sprechen mit den Vorstellungen, die sie von diesen Wesen haben, und wieder andere mit Wesen, die sich nur nicht richtig vorstellen. Es gibt auch eine geistige Wesenheit namens Ashtar Sheran. Trotzdem ist mir völlig unklar, wie man wiederholt darauf kommen kann, dass er uns mit einem Raumschiff abholt ... Also höre bitte auf dein eigenes Gefühl zu den jeweiligen Botschaften. Wenn diese etwas Positives in dir bewirken, sind sie gut für dich, wenn sie verwirren oder ängstigen, lass besser die Finger davon!

Arten der Medialität

Jeder unserer Sinne kann auch medial
genutzt werden!

In diesem Kapitel möchte ich dir von den verschiedenen Arten
der Medialität berichten, denn Medien können allgemein nach
der Form der Übermittlung von Botschaften unterschieden werden.
Grundsätzlich kann man dabei sagen, dass jeder unserer gewohnten
fünf Sinne auf einer anderen Ebene oder Dimension auch für das
Empfangen von medialen Botschaften genutzt werden kann. Zusätzlich zu den fünf Sinnen stehen uns in der Welt der Medialität
noch weitere Wahrnehmungsbereiche zur Verfügung. Außerdem
berichte ich an dieser Stelle auch über die Arbeitsweise und Erfahrungen von medialen Kollegen und mir selbst, um die verschiedenen Wirkweisen eines Mediums anschaulicher zu machen. Wenn
du dieses Kapitel liest, fühle in dich hinein und spüre, welche
Form des medialen Wirkens für dich passend ist und wo du dich
bereits wiedererkennst.

Hellfühlen

Fühle – und du wirst empfinden!

Bereits das Wahrnehmen einer anderen Person im Raum, ohne sie zu sehen, ist eine Form des Hellfühlens. Aber auch die Gefühle anderer Wesen zu spüren, ist Bestandteil dieser Gabe. Fast jeder Mensch hat die Fähigkeit, die Anwesenheit von Geistern, Energien oder Präsenzen zu spüren. Bei den meisten zeigt sich dies durch ein unbestimmtes Bauchgefühl, einen Schauer oder das Gefühl einer sanften Berührung der Haut. Das Fühlen ist in der Regel die Grundvoraussetzung, um die entsprechenden Wesenheiten, mit denen kommuniziert wird, wahrnehmen und einordnen zu können. Dies kann auch während der Übertragung eine Rolle spielen, etwa wenn das Medium körperliche Erfahrungen wie zum Beispiel den Schmerz des gechannelten Wesens wahrnimmt. Auch emotionale Empfindungen wie Freude, Leid, Wut oder Trauer können während einer medialen Durchgabe übertragen werden. Es ist eine Frage der Professionalität und der Übung des Mediums, diese Wahrnehmungen ohne Wertung und Eigenidentifizierung anzunehmen oder zu entscheiden, diese Empfindungen nicht zuzulassen.

Besonders stark fuhlende oder empathische Medien werden als hellfühlende Medien bezeichnet.

Hellriechen/-schmecken

Düfte können spezifische Erinnerungen und
Stimmungen wecken.

Auch der Geruchs- und der Geschmackssinn können während des Empfangens einer medialen Botschaft begleitend aktiv sein und die Übertragung mit Details anreichern. Sie dienen jedoch meistens nur der Verstärkung der eigentlichen Information oder der Wiedererkennung und der Erinnerung bereits bekannter Erfahrungen. Vielleicht ist dir schon einmal aufgefallen, dass bestimmte Düfte oder Gerüche dich an Situationen und Begebenheiten aus deiner Vergangenheit erinnern. So löst möglicherweise der Duft von Weihnachtsplätzchen ein vertrautes heimeliges Gefühl in dir aus, weil es dich an deine Kindheit erinnert. Es ist auch bekannt, dass Verstorbene sich oft in Zusammenhang mit einem bestimmten und vertrauten Duft zeigen. Achte auf diese Zeichen! Wenn du plötzlich zum Beispiel Rosenduft in deinem Zimmer wahrnimmst, obwohl alle Fenster verschlossen sind und sich keine Blumen im Raum befinden, könnte es sein, dass ein Geistwesen zu dir Kontakt aufnimmt.

Hellsehen

Das Sehen mit dem geistigen Auge kann deine Wirklichkeit auf wunderbare Weise erweitern.

Das Hellsehen während einer medialen Durchgabe bezeichnet das Empfangen von Botschaften in Form von Bildern und Zeichen, bildhaften Abläufen und Visionen. Diese Form findet sich häufig begleitend zum Hellhören oder zum Hellwissen. Die Geschehnisse können dabei klar und detailliert erscheinen oder in Symbolform gekleidet auftauchen. Zum Beispiel kann sich die verstorbene schwerhörige Großmutter dem Medium präsentieren, indem sie sich die Hände über ihre Ohren hält, oder ein Mann mit schmerzenden Beinen zeigt sich mit Krücken. Das Sehen während eines Channelings kann sowohl vor dem inneren Auge stattfinden als auch mit den physischen Augen. Es können einfache Farben, Formen oder Bewegungen gesehen werden, aber auch die Informationen sowie die mediale Botschaft untermauernde Abläufe können wahrgenommen werden. Ebenso können Bilder aus der Vergangenheit und Gegenwart oder Zukunftsperspektiven auftauchen oder Erlebnisse, die bei Befolgung des gegebenen Rates eintreten können. Und natürlich ist es möglich, begleitend zum Channelvorgang die Geistwesen zu sehen, mit denen der Kontakt stattfindet. Hellsehen bedeutet also nicht automatisch, in die Zukunft zu sehen, wie es manchmal verallgemeinert dargestellt wird. Es ist vielmehr das Sehen von Situationen, Orten, Personen oder Energiefeldern – ganz gleich ob in der Gegenwart, der Vergangenheit oder einer möglichen Zukunft.

Ich kann mich nicht mehr erinnern, wann ich das erste Mal bewusst auf diese Weise wahrgenommen habe. Als kleines Kind war es ganz normal für mich – wie für viele Kinder, bis die Erwachsenen ihnen dann erklären, dass es die Dinge, die sie sehen, in Wirklichkeit nicht gibt. Ich kann mit meinem inneren Auge Bilder oder ganze filmische Abläufe sehen, aber auch mit offenen Augen. Es ist ein schönes Erlebnis, wenn man die leuchtend bunte Aura der Pflanzen, der Erde und anderer Dinge sehen kann. Dieses Erlebnis verbindet uns mit der bezaubernden Schönheit der Schöpfung. Mit etwas Training des Dritten Auges, dem Energiezentrum für die hellsichtige Wahrnehmung, sowie viel Geduld könnten sich viele Menschen für diese Schönheit öffnen.

Das Hellsehen ermöglicht es uns auch, die Wirkungen unserer täglichen Erfahrungen auf unser Energiefeld bewusster wahrnehmen und dadurch unsere Energien viel schneller und effizienter rein und kraftvoll halten zu können. Vielen Menschen ist gar nicht bewusst, was sie in ihrem Energiefeld alles mit sich herumtragen. Wenn sie es sehen würden, wären sie sicher gern bereit, sich von der einen oder anderen Altlast zu befreien. Über die Energiezentren erfährst du mehr im Kapitel "Das Energieskelett" auf Seite 143 ff.

Hellhören

*Das Hellhören ermöglicht es dir, den Rat
deiner geistigen Helfer in einer nahezu eindeutigen
Form zu empfangen.*

Das Hellhören zählt zu den klassischen Formen des Channelns. Es ist das Gespräch mit den Geistwesen oder auch das Durchfließenlassen von Informationen in Form von Text. Dabei können Stimmen gehört werden, die sogar laut im Ohr wahrgenommen werden. Sie können für das Medium sowohl von innen als auch von außen hörbar sein oder als Gedankenform in seinem Kopf erscheinen. Als ich das erste Mal äußerlich hörbare Stimmen wahrgenommen habe, hat mich das gleichermaßen fasziniert wie erschreckt. Ich entschied mich innerlich, in Zukunft weniger erschreckt werden zu wollen und stattdessen lieber in meinen Gedanken Platz zu machen. Jetzt dürfen die Geistwesen gern knackende Geräusche machen, sich durch das Flackern einer Kerze bemerkbar machen oder auch meine Hand berühren. Dann höre ich ihnen gern zu.

Es können einfache Worte und Sätze gehört werden ebenso wie ausführliche Texte und Informationen. Der Autor Neale Donald Walsch und sein Buch *Gespräche mit Gott* ist ein klassisches Beispiel für das Hellhören, doch auch er bekam zunächst einen regelrechten Schreck, als er plötzlich eine Stimme hörte, die ihm Antwort auf seine Fragen gab. Das Ergebnis der Gespräche, die sich daraus entwickelten, kann man heute in seinem Buch nachlesen.

Hellhörende Channelmedien geben das Gehörte entweder direkt weiter oder übersetzen es mit ihren eigenen Worten. Die Informationen können niedergeschrieben oder direkt ausgesprochen werden. Bei unzensierter direkter Weitergabe des empfangenen Textes, kann man die verschiedenen Vorlieben oder Stile der übermittelten Wesen erkennen, die sich oft auch deutlich vom Stil, der Meinung oder dem Sprachgebrauch des Mediums unterscheiden. Die Wesenheit kann sich kurz und sachlich, weich und emotional oder gar poetisch-dichterisch offenbaren. Inwieweit die Durchgaben die Qualitäten und Kenntnisse des Mediums überschreiten, hängt vor allem auch mit der Tiefe der Trance zusammen, in die sich das Medium während der Übertragung begibt, und es hängt davon ab, wie viel Eingriff das Medium den Wesenheiten erlaubt beziehungsweise wie viel Kontrolle es abgibt.

Außer klar formulierten Texten und Botschaften können auch Klänge oder Melodien gechannelt werden. Zum einen kommt das manches Mal vor, um eine bestimmte Information zu übermitteln, die mit einem Klang oder einer bestimmten Musik verbunden wird. Dies kann eine Stimmung sein, an die der Betroffene erinnert werden soll, oder auch eine Nachricht oder eine Situation, die er mit dieser Melodie verbindet. Es kann aber auch die Offenbarung einer wunderschönen Melodie sein, die ihren Platz in der Welt finden will. Medien, die solche Melodien in unsere materielle Welt bringen, nennt man auch Musikmedien. Sie können die Musik als Inspiration empfangen haben und nun in Noten und Kompositionen bringen. Auch regelrecht mechanische Übertragungen können vorkommen, bei der ein Mensch, der eigentlich keine besonderen musikalischen Kenntnisse hat, quasi von Geistwesen geführt wird.

So machte zum Beispiel die Engländerin Rosemary Brown (1916-2001) in den Siebzigern Schlagzeilen. Sie hatte keine besondere musikalische Bildung genossen, komponierte jedoch, nach eigenen Angaben, neue Werke von verstorbenen Komponisten wie Liszt, Brahms, Bach, Beethoven und anderen. Man sprach ihren Kompositionen durchaus Ähnlichkeit mit dem Stil der betreffenden Komponisten zu und kam größtenteils zu dem Schluss, dass ihre Kompositionen zumindest nicht von ihr selbst stammen können, da ihr musikalisches Talent dafür nicht ausreichen würde.

Ein weiterer beeindruckender Musikchannel, den ich hier erwähnen möchte, ist Tom Kenyon. Der Musiker, Autor, Gehirnforscher und Therapeut erforscht mit Leidenschaft die Auswirkungen von Klängen und Musik auf das menschliche Bewusstsein. In seiner Musik channelt er Hathoren, Engel und andere höhere Geistwesen. Seine Stimme umfasst vier Oktaven, und man kann es schon als eine besondere Erfahrung bezeichnen, sich diese Musik einmal anzuhören.

Telepathie

Telepathie verbindet auf eine wundersame Weise.
Ganz gleich wie weit die Entfernung ist,
die zwischen den Verbundenen besteht –
sie löst sich in nichts auf.

Telepathie wird allgemein als eine Form der Gedankenübertragung verstanden. Das Wort "Telepathie" setzt sich aus den griechischen Worten *tele* und *pathos* zusammen, was so viel bedeutet wie "Fernfühlen". Damit ist eine Gemütsbewegung gemeint, die in die Ferne gesendet oder aus der Ferne wahrgenommen wird, ohne dass technische Hilfsmittel oder andere anerkannte Wege über die bekannten Sinne dabei genutzt werden.

Vielleicht hast du bereits Erfahrungen mit der Gedankenübertragung gemacht. Viele haben die unbewusste Form der Telepathie schon einmal erlebt. Sie zeigt sich oft darin, dass man plötzlich zumeist von einem nahestehenden Menschen, zu dem man eine Verbindung hat, weiß, wie er sich fühlt, ob er gerade an dich denkt, glücklich ist oder Hilfe braucht. Häufig treten diese Übertragungen besonders in Notsituationen auf.

Wenn du jemanden kennst, mit dem du dich verbunden fühlst, kannst du mit ihm auch die bewusste Telepathie üben. "Bewusst" meint, die telepathische Übertragung gezielt und absichtlich herbeiführen. Du könntest zum Beispiel sehr stark an diesen Menschen denken und ihn bitten, dir zu berichten, was er von dir gefühlt hat und wann er dich bemerkt hat. Ich habe einen Freund, der eine Zeit lang intensiv die Botschaft "Ruf mich an!" an mich gesendet hat, so dass ich ihn jedes Mal anrief und fragen musste, was es denn gebe. Er hat sich immer wieder gefreut, wie gut es geklappt hat ...

Wenn du deine Sinne für die Telepathie öffnest, ist vieles möglich. Zum Beispiel kannst du jemandem, von dem du spürst, dass er sich Sorgen macht, das Gefühl übermitteln, dass alles gut ist, oder jemandem, der gerade auf dich wartet, übermitteln, dass du zwar etwas zu spät dran bist, aber kommen wirst. Im Endeffekt können ganze Botschaften übermittelt werden, vorausgesetzt der Empfänger ist offen für dich und diese Form der Wahrnehmung. In der heutigen Zeit der Telekommunikation ist es oft einfacher, ganz simpel zum Telefon zu greifen, statt sich mit dem medialen Übertragen von Botschaften abzumühen. Dennoch ist die telepathische Übertragung eine tolle Technik, um die Verbundenheit zu Menschen, die man mag, zu pflegen. Spürst du zum Beispiel, dass jemand gerade an dich denkt, kann das ein schönes Gefühl sein, das dir Halt gibt, besonders dann, wenn man keine Zeit zum Mailen oder zum Telefonieren hat. Telepathie kann dir auch den Umgang mit Menschen durchaus erleichtern. Wenn du wahrnimmst, wie es einer bestimmten Person gerade mit einer Situation geht, die auch dich betrifft, kannst du sie oft leichter verstehen und auf sie eingehen. Viele Menschen sagen nicht immer, wie sie sich mit etwas fühlen, auch dann nicht, wenn es ihnen nicht behagt. Dadurch entstehen manchmal Erwartungshaltungen und Vorwürfe, die das Zusammensein erschweren – ein wenig Telepathie könnte hier durchaus hilfreich sein.

Das Ganze hat natürlich auch eine Kehrseite: Du solltest auch in der Lage sein, deinen telepathischen Empfang abzustellen. Denn sonst vermiest du dir die schönste Stimmung, weil du gerade bemerkst, dass jemand negativ über dich denkt oder grimmig nachtragend mit Erwartungen und vorwurfsvollen Gedanken an dir hängt. Ich hatte eine Zeit lang Schwierigkeiten, mich von telepathischen Informationen abzugrenzen. Zu dieser Zeit hat mich das ständige Empfangen von Gedanken mir bekannter Personen manchmal sogar aus meinem Tagesablauf gerissen. So sollte es natürlich nicht sein. Ich musste dann lernen, wieder in die Konzentration auf mich und in meine Selbstwahrnehmung zu gehen - und die Antennen quasi etwas einzufahren.

Grundsätzlich kannst du mit Menschen, mit Tieren, aber auch mit anderen Geistwesen telepathische Verbindungen erleben. Über den telepathischen Austausch mit Geistwesen habe ich bereits im Abschnitt über das Hellhören berichtet. Es ist heutzutage die vermutlich am häufigsten genutzte Form des Channelns - das Empfangen und Weitergeben von Gedanken geistiger Wesen.

Intuition, spontanes Wissen und Eingebung

Die Intuition ist ein mediales Stimmungsbarometer.

Die Intuition, die uns allen als "Bauchgefühl" bekannt ist, lässt sich als ein unbestimmtes Gefühl in Bezug auf eine Sache beschreiben. Es ist etwa eine Empfindung der Gewissheit oder der Sicherheit, ein unbewusstes Lenken in eine Richtung. Unsere Schutzgeister versuchen oft, über die Intuition Kontakt mit uns aufzunehmen. Sie sorgen beispielsweise dafür, dass man plötzlich losläuft und sich von einem Platz fortbewegt, an dem im nächsten Moment Gerümpel von einer Baustelle hinabfällt, wie ich es bereits beschrieben habe. Oder sie leiten dich dazu an, etwas zu finden, das du gerade brauchst, auf einen Menschen zu treffen, der dir weiterhelfen kann, etwas einzupacken, das du noch brauchen wirst, oder im richtigen Moment am richtigen Ort zu sein. Kennst du nicht auch solche Situationen? Du hast das Gefühl, einen Schirm mitnehmen zu müssen, aber dein Verstand sagt dir: "Heute ist es wolkenlos und der Wetterbericht hat keinen Regen vorhergesagt." Später ärgerst du dich dann, wenn du dich klitschnass an deine Intuition erinnerst.

Aber auch das aufsteigende Gefühl, dass alles in Ordnung ist, wenn du dir gerade Sorgen machst, kann eine intuitive Wahrnehmung sein. Als kleines Beispiel für dieses Bauchgefühl möchte ich von zwei Situationen erzählen, die mir in der letzten Zeit widerfahren sind. Kürzlich war ich im Studio und hatte meine Tasche in der Maske liegen lassen, statt sie einzuschließen. Als ich gehen wollte, stellte ich fest, dass mein Portemonnaie nicht mehr da war. Da ich aber wusste, dass ich es eingesteckt hatte, weil ich tanken wollte, war ich zunächst durcheinander und irritiert. Ich hätte mir auch von keinem Anwesenden vorstellen können, es entwendet zu haben. Ich verlor etwas Zeit, um mein Portemonnaie zu suchen, obwohl ich es nirgends im Studio spürte, setzte mich ins Auto und fuhr Richtung Heimat, während ich gerade beginnen wollte, in Gedanken durchzuspielen, was nun alles zu tun ist, wie Bankkarten sperren, bei der Krankenkasse eine neue Karte beantragen und so weiter. Da kam plötzlich das unbestimmte, sichere Gefühl, dass alles in Ordnung ist und seinen Sinn hat. Ich nahm das Gefühl an, statt mich zu ärgern, und bemerkte, dass ich einem heftigen Auffahrunfall entgangen war. Zu Hause angekommen stellte sich heraus, dass mein kleiner Sohn meinen Geldbeutel am Morgen aus der Tasche genommen hatte.

Das andere typische Beispiel für das Wirken der Intuition ist mir vor ein paar Tagen passiert. Ich kam von einer Institution, die eine klärende und unterstützende Aufgabe in einem Familienthema übernehmen sollte. Ich war sehr enttäuscht und unzufrieden über den Verlauf des Gesprächs. Die Mitarbeiter waren mehr an einem schnellen Abschluss und an ihrem Verdienst interessiert als am Wohl der Beteiligten. Es fehlte jegliche Empathie für den Augenblick, und ich sollte in eine Situation hineingepresst werden, die mich wie eine Dampfwalze überrollte. Enttäuscht beschloss ich, erst einmal ein Fleckchen Natur aufzusuchen, um mich wieder zu sammeln, und ging in einen sonnigen Park. An einem Tisch saß ein Mann, der sehr einladend auf mich wirkte. Ich ging von meinem Verstand geführt zunächst an ihm vorbei, fand aber kein anderes Plätzchen, das mich anzog. Stattdessen spürte ich, dass ich zu dem Mann an diesem Tisch gehen sollte. Ich konnte mich dem Gefühl nicht mehr entgegensetzen und fragte ihn schließlich, ob ich mich zu ihm setzen könne. Einladend winkte er mir zu, und es stellte sich im Nu heraus, dass er die Firma und die Thematik kannte, um die es bei mir ging. Er gab mir Ratschläge und bestärkte mich darin, mich für meinen Weg zu entscheiden. Ich war sehr dankbar für diese Begegnung, denn zuvor hatte ich keine zufriedenstellenden Informationen finden können. Sicher sind dir solche Situationen schon widerfahren, in denen du dich gefreut hast oder erleichtert warst, auf dein Bauchgefühl gehört zu haben.

Aber auch als Wahrheitsbarometer, mit dem wir die Richtigkeit einer Information sozusagen erfühlen können, ist unsere Intuition bestens geeignet. Ich würde sie in etwa als den Instinkt der medialen Sinne bezeichnen. Sie ist schnell und unbestimmt, aber effizient und wahr in ihrem Wirken, wenn man ihr vertraut. Sie begleitet eine mediale Durchgabe in der Regel und geht oft mit spontanem Wissen und Eingebungen einher. Sogenannte "Eingebungen" sind Informationen, die uns auf einmal wie ein Geistesblitz zufallen. Sie sind ganz plötzlich da, obwohl wir bisher vielleicht nichts von ihnen wussten. Vielleicht ist dir auch Folgendes schon einmal passiert: Etwas in deinem Leben beschäftigt dich seit Tagen – und plötzlich fällt dir die Lösung für dein Problem einfach so ein. Das passiert vor allem dann, wenn du nicht mehr an Gedanken festhängst und dein Geist frei ist und förmlich Platz gemacht hat für eine solche Eingabe.

Man spricht davon, dass dies Informationseingaben aus der geistigen Welt sind. Sie können von unserem eigenen Höheren Selbst, also dem eigenen Seelenanteil, kommen oder von den Wesen, mit denen wir gerade kommunizieren. Eingebungen sind ein häufiger Bestandteil eines Channelings. Man nennt diese Form der geistigen Informationsübertragung auch "Hellwissen". Sehr häufig geht es mit dem Hellsehen oder Hellhören einher. Wenn man ein Medium danach fragt, woher es die angesprochenen Informationen hat, bekommt man häufig die Antwort: "Ich wusste es in diesem Moment einfach." Oder: "Es war plötzlich einfach da."

Inspiration und Kreativität

Inspiration ist der schöpferische Geist in Aktivität.

Wenn wir unseren Kanal zur geistigen Welt öffnen, erfüllt uns in der Regel auch eine schöpferische und kreative Energie, die uns durchfließt. Diese können wir zum Beispiel in Malerei, Tanz, Gesang oder Dichtkunst umsetzen. Der schöpferische Energiefluss ist getragen von Augenblicken der Leichtigkeit und Beseeltheit, die uns mit Begeisterung erfüllen. Viele bekannte Künstler sprechen davon, dass sie nur gemalt haben, was da war, oder nur die Musik gespielt haben, die sie gehört haben, und dass nicht sie die kreativen Künstler an ihrem Werk sind, sondern gar Gott oder eine andere geistige Macht. Sie selbst haben dabei nur umgesetzt, was ihnen erschien. Der niederländische Maler Piet Mondrian bemerkte dazu: "Die Position des Künstlers ist bescheiden. Er ist im Wesentlichen ein Kanal."

Inspiration ist ein Energieschub, der mit Erfüllung und Entzückung einhergeht. Wenn wir von ihm erfasst werden, wollen wir ihn weitertragen und übermitteln. Wir wollen also channeln und unsere Erfahrung in die Welt der Materie bringen, damit auch andere daran teilhaben können und wir uns die Botschaft immer wieder vor Augen führen oder sie anhören können. Bekannte spirituelle Künstler der Gegenwart, die von sich offiziell angeben, dass sie dieser Inspiration folgen, sind in der Malerei zum Beispiel Judit Hildebrandt, Gabriela Hohenegger und Hans Georg Leiendecker.

Ich unterscheide zwischen direkt gechannelter Kunst und inspirierter Kunst. Bei der inspirierten Kunst werden die Eingabe und der Impuls mit eigenen erlernten Mitteln und nach eigenen Vorstellungen umgesetzt oder auch übersetzt. Bei der direkt gechannelten Kunst kann man davon sprechen, dass der Künstler sein Werk vollständig in Trance ausübt, in einem veränderten Bewusstseinszustand, der es der geistigen Welt erlaubt, ungehindert hindurchzufließen, und der Blockaden oder Einengungen durch festgefahrene und erlernte künstlerische Techniken und Abläufe auf direktem Weg umgeht. Auf diese Weise können sogar neue künstlerische Techniken entwickelt werden. Der Künstler weiß dabei zu Beginn seines Werkes noch nicht, wie es sich entwickeln wird. Er lässt einfach zu, was ihm gerade in den Sinn kommt. Eine spirituelle Künstlerin, die vorwiegend direkt gechannelte Kunst anbietet, ist zum Beispiel Britta Diana Petri.

Auch durch Tanz kann die Botschaft von Geistwesen übertragen werden. Bei schamanischen Riten und Festen von Naturvölkern kann man diese Technik noch beobachten. Es können rituelle, theaterähnliche Bestandteile durch den Tanz kommuniziert werden, indem der Tänzer sich ganz in seine Rolle begibt oder sogar einem Krafttier, Geistführer oder anderem Geistwesen die Führung über den Körper überlässt. Ebenso kann die Inspiration in Musik fließen, wie ich im Kapitel über das Hellhören bereits geschildert habe. Johannes Brahms sagte einmal: "Geradewegs fließen die Ideen in mich hinein; sie stammen direkt von Gott." Auf gleiche Weise verhält es sich oftmals mit Poesie, Schreib- und Dichtkunst. Nicht selten folgen auch diese einem Energiefluss, einem regelrechten Strömen, das von einigen als der schöpferische Geist bezeichnet wird. Der englische Dichter und Mystiker William Blake sagte dazu: "Ich selbst bewirke nichts. Der Heilige Geist vollbringt alles durch mich." Es ist nicht selten, dass Erfindungen im Augenblick kreativen Erfahrens gemacht werden oder Resultate einer Eingebung sind.

Traumbotschaften

Wenn dein Tagbewusstsein im Traum ruht,
kann sich dein Geist öffnen.

Auch im Traum ist schon so manche Erfindung gemacht worden...
Manch einer hat es vielleicht sogar bereits erlebt, dass er im Traum
ein wichtiges Gespräch mit jemandem geführt hat, das später tatsächlich stattfand. Es ist möglich, dass sich ein nahestehender
Mensch im Traum ankündigt und sich dann kurze Zeit später tatsächlich bei dir meldet. Wenn du dich verstärkt mit deinen Träumen
beschäftigst, kennst du außer diesen telepathischen Kontaktaufnahmen und Gesprächen sicher auch Lehr- oder Verarbeitungsträume,
in denen dir die geistige Welt mitteilt, was du jetzt zu lernen hast.
Vielleicht begegnest du deinen Geistführern, Schutzengeln oder
Krafttieren im Traum oder triffst sogar verstorbene Angehörige.

Die geistige Welt bemüht sich immer, dich bestmöglich zu unterstützen und zu führen, wenn du darum bittest, und unsere Begleiter können dabei sehr einfallsreich sein. Ich habe es beispielsweise
erlebt, dass mir im Traum der Name eines Autors gezeigt wurde,
dessen wunderschöner Bildband mich beim Schreiben meiner Di-
plomarbeit sehr inspiriert hat. Meine geistigen Helfer haben mich
zudem deutlich führend auf zukünftige Entwicklungen oder be-
vorstehende Ereignisse aufmerksam gemacht oder mich auf das Tagesgeschehen des nächsten Tages vorbereitet.

Auch seherische Träume können vorkommen. Sie können sehr
detailliert und real erscheinen oder symbolhaft verschlüsselt sein.

Es ist dann nur eine Frage der richtigen Deutung, die man im Zweifel leider manchmal erst hinterher findet. Auch dazu möchte ich dir von einem kleinen Beispiel berichten. Als ich einmal mit einem guten Freund zusammen auf eine Mittelalterveranstaltung an der Schweizer Grenze fahren wollte, träumte ich, dass mein Bulli einen platten Reifen hat. Es war mir klar, dass es ein Symboltraum war, und ich wurde das Gefühl nicht los, dass das Auto auf der weiten Strecke liegen bleiben würde. Ich erzählte es meinem Freund und wir beschlossen, zunächst mit meinem Wagen bis zu ihm in die Mitte des Landes zu fahren. Dann luden wir alles, was wir brauchten, in seinen Bulli und fuhren weiter. Schließlich blieben wir mit seinem Wagen liegen. Er witzelte nur darüber, wie es denn sei, mit einer Hellseherin unterwegs zu sein.

Wenn du dich auf die Welt deiner Träume einlässt, wirst du sehen, wie reich und großartig sie ist. Die Bedeutsamkeit deiner Träume kann von der Verarbeitung des Alltags bis hin zu prophetischen Träumen reichen. Wenn du im Wachzustand dazu neigst, dein Bewusstsein für die Botschaften von geistigen Wesen zu versperren oder zu blockieren, dann versuche, auf deine Träume zu achten! Denn während dein Tagbewusstsein ruht, kann dein Geist sich öffnen und deine Helfer können leichter zu dir vordringen. Unsere geistigen Helfer übermitteln uns sehr gern Botschaften während des Einschlafens oder Erwachens, da wir in diesen Momenten der Bewusstseinsübergänge noch nicht durch bewusste Gedanken versperrt sind. Zuweilen wachen wir auch mit der Antwort eines Geistführers auf eine unserer Fragen auf, die uns aktuell beschäftigt. Es lohnt sich also durchaus, einen Zettel und einen Stift neben das Bett zu legen, denn oftmals verschwinden die Informationen so schnell, wie sie gekommen sind.

Psychokinese

Der Geist kann Materie bewegen.
Erahnst du die Größe seiner Kraft?

Unter Psychokinese versteht man die sichtbare Bewegung von Gegenständen, die durch rein geistiges Einwirken hervorgerufen wird. Ein Geist kann sich auf diese Weise dem Medium oder seinem Publikum mitteilen. Zu Beginn der spiritistischen Bewegung waren es gerade solche Phänomene, die die Menschen scharenweise beeindruckten und von der Existenz der Geister überzeugten. Es sind Levitationen, also Bewegungen von Gegenständen in der Luft, bekannt und auch Bewegungen von Möbelstücken wie Stühlen und Tischen oder anderen Einrichtungsgegenständen. Das Tischerücken wurde besonders bekannt. Die durch das Heben des Tisches verursachten oder in seinem Inneren hervorgerufenen Klopfzeichen wurden zum Zweck der Kommunikation mit den Geistern genutzt. Die Verständigung auf diese Weise ist natürlich sehr eindimensional und dient in erster Linie der Überzeugung der Anwesenden; sie liefert nicht unbedingt detaillierte Informationen. Zur Erleichterung der Kommunikation kamen dann später auch das Gläserrücken und das Ouija-Brett auf. Bei beiden Methoden gibt man dem Geist oder der Erscheinung die Möglichkeit, sich von Buchstabe zu Buchstabe zu bewegen, auf Ziffern oder auf ein klares "Ja" oder "Nein" zuzusteuern, um so ganze Worte oder gar Sätze mitteilen zu können. Beim Gläserrücken wird dabei wie von selbst ein Glas bewegt, auf dem sich die Fingerspitzen der

Séanceteilnehmer befinden, beim Ouija-Brett übernimmt diese Funktion ein kleines Holzplättchen.

Ich empfehle es nicht, sich unerfahren und spielerisch an diese Techniken zu wagen! In einer Séance öffnet man den Zugang zu Geistern und anderen Energieformen! Als ungeübtes Medium hat man dabei keinen großen Einfluss darauf, wer sich nun alles mitteilen will. In der Regel ist man auch nicht in der Lage, diese Offenheit selbstständig wieder zu beenden. Das führt dazu, dass einige Teilnehmer solcher Séancen danach psychische Instabilitäten aufweisen und Begleiterscheinungen wie zum Beispiel Verfolgungswahn auftreten können. Häufig ist es so, dass Medien, bei denen physikalische Bewegungsphänomene auftreten, später zu anderen Methoden der medialen Kommunikation übergehen, die das Entschlüsseln der Mitteilungen erleichtern und bei denen sie deutlicher erkennen können, mit wem sie es zu tun haben.

Gegenstände mithilfe geistiger Energie zu bewegen, erfordert zudem eine gewisse Kraft, und es ist die Frage, ob sich der Aufwand lohnt. Auch in meinem Leben gab es einen Moment, in dem ich es als unglaublich spannend empfand, einen Kupferdraht allein mit der Energie meiner Chakren zu bewegen. Mit einem energetisch wirkenden Freund übte ich fleißig und auch erfolgreich, den gebogenen Draht, der in einer kleinen Flasche gehalten wurde, zu drehen. Wir führten sogar kleine Wettkämpfe durch und freuten uns, die Energie des anderen zu spüren und dagegenhalten zu können. Wenn ich etwas dabei gelernt habe, ist es, dass auch nur der geringste Zweifel einen sofortigen Ausfall der Kraft bewirkt. Inzwischen fordert das Leben genug Aufmerksamkeit, so dass für den Draht keine Muße mehr da ist. Wenn du jedoch Lust darauf hast, probiere es gern aus! Leite dazu die Energie aus einem deiner Chakren, beispielsweise aus den Handchakren oder aus dem Dritten Auge, auf einen leichten metallenen Gegenstand, und versuche, ihn mit deinen unsichtbaren Fühlern anzustupsen und zu bewegen!

Mediales Schreiben

Wenn du schreibst, ohne darüber nachzudenken,
kann die Quelle der Schöpfung durch dich
hindurchströmen.

So komme ich nun zu einer weiteren Form des Channelns, dem medialen Schreiben. Man kann zunächst einmal zwischen automatischem und empfangendem Schreiben unterscheiden.

Automatisches Schreiben

Beim automatischen Schreiben treten, ähnlich wie bei der Psychokinese, Bewegungsphänomene auf. Dabei kann das automatische Schreiben eingeteilt werden in die direkte und die indirekte Form des Schreibens. Die indirekte Form des automatischen Schreibens ist eine ältere, aus dem Experiment heraus entstandene Form des Schreibens, die heutzutage eher selten genutzt wird. Sie erfolgt über ein Zwischenwerkzeug, wie zum Beispiel ein Brettchen oder Körbchen, an dessen Mittelachse ein Bleistift befestigt wird, der dann die Schriftzeichen hinterlässt. Unter das Hilfswerkzeug wird ein Blatt Papier gelegt. Auf diese Weise versuchte man, sich in den Anfängen des spiritistischen Forschens von der Kommunikation über Klopfzeichen hin zu spezielleren Ausdrucksmöglichkeiten vorzuwagen.

Beim automatischen Schreiben reicht die Spannweite der Möglichkeiten von einfachen Zeichen und Symbolen bis hin zu Worten und ganzen Sätzen. Die direkte Form des automatischen Schreibens erfolgt unmittelbar durch die Hand des Mediums, jedoch ohne dessen persönliches Einwirken. Der fremde Geist wirkt bei diesem Vorgang auf das Medium, das unter seinem Einfluss passiv mechanisch und von ihm gesteuert seine Hand bewegt und schreibt. Das Medium hat währenddessen keine Kenntnis über das Geschriebene. Gedanken über die geschriebene Botschaft folgen erst nach der Übermittlung, also nach dem Schreiben.

An dieser Stelle möchte ich über die Erfahrung und den Werdegang einer Kollegin berichten, die ein bekanntes Medium für automatisches Schreiben ist, denn ich möchte dir gern einen Einblick in ihre Arbeit geben, damit du nähere Einsichten in diese Art der medialen Übertragung bekommen kannst. In ihrer Laufbahn als Schreibmedium hatte meine Kollegin zunächst Kontakt mit vielen verschiedenen Geistern, die sich in ihrem Schriftbild und ihrem Stil deutlich voneinander unterschieden. Seit 1987 nahm dann eine bestimmte Seele mit ihr Kontakt auf und bot sich an, über sie als Medium anderen Menschen zu helfen. Wenn sie schreibmedial channelt, hält sie ihren Stift am oberen Ende und lässt ihn sich unten bewegen. Sie überlässt beim Schreiben ihre Hand ganz dem Geistwesen und schaut selbst gespannt dabei zu. In den Momenten des Schreibens hat sie eine Handschrift, die sich deutlich von ihrer eigenen unterscheidet. Sie bleibt aber währenddessen trotzdem in ihrer Persönlichkeit ganz sie selbst. Sie spürt eigene Wünsche und Hoffnungen, die sie für den Ratsuchenden hat, aber sie beeinflusst das Schreiben nicht.

Meine Kollegin erkennt und kennt ihre Geistwesenpartnerin nach all der Zeit sehr genau und weiß, dass sie ihr vertrauensvoll ihre Hand überlassen kann. Noch heute ist sie manchmal überrascht über die Dinge, die ihr Geistwesen weiß, oder auch über Tipps, auf die sie selbst nicht gekommen wäre und durch die sie und ihre Ratsuchenden immer wieder dazulernen können. Nach all den Jahren kommunizieren die beiden inzwischen auch oft ohne das Hilfsmittel Schreibstift, besonders in Situationen, wenn sie gerade unterwegs ist oder vor etwas gewarnt werden soll. Allgemein beschreibt sie es so, dass ihr Geistwesen da ist, wenn es gebraucht wird. Sie möchte ansonsten nicht ununterbrochen mit Informationen überhäuft werden, denn es ist ihr bewusst, dass ihre Gabe sonst zur Belastung würde. Schließlich müssen all die vielen Informationen auch verdaut und verarbeitet werden.

Kannst du dir eine solche Partnerschaft ebenso vorstellen? Es kann sehr von Vorteil sein, wenn man den medialen Kontakt zu einem hochstehenden Geistwesen dauerhaft pflegt. Dadurch kann das Vertrauen zum Geistwesen besser wachsen und es ist leichter, den Kontakt zu erkennen und herzustellen. Du kannst aufgrund der Vertrautheit schnell spüren, dass du den richtigen Gesprächspartner in der Leitung hast. Demzufolge ersparst du dir verwirrende oder unzuverlässige Kommunikationen mit anderen verspielten oder niederen Geistwesen, die sich vielleicht gerade bei dir melden, weil sie sich freuen, dass du sie hören kannst, die aber noch längst keine wertvollen Informationen für dich haben.

Empfangendes Schreiben

Ich möchte jetzt von den körperlich beeinflussten Schreibmedien des automatischen Schreibens zu den empfangenden Schreibmedien kommen. Beim empfangenden Schreiben übermittelt das Geistwesen seine Botschaft nicht über die Hand oder ein anderes Werkzeug, sondern teilt sich über die Seele des Mediums mit. Hierbei übermittelt es seine Informationen oder Gedanken an das Medium und veranlasst es, diese niederzuschreiben. Die Gedanken, die vom Medium niedergeschrieben werden, können dabei durchaus außerhalb seiner persönlichen Kenntnisse, Fähigkeiten oder Meinungen liegen, was in der Regel auch ein deutlicher Hinweis auf die Fremdübermittlung ist. Das Medium weiß während des Channelvorgangs, was es schreibt, ist sich aber darüber bewusst, dass es eine von außen empfangene Information weitergibt und nicht seine eigenen Gedanken.

Beide Formen des Schreibens zeichnen sich durch einen Fluss von Informationen aus, der regelrecht durch den Kanal – also den Channel – strömt. Der Vorgang des Schreibens geht dabei sehr schnell vonstatten. Mischformen von empfangendem und automatischem Schreiben sind durchaus möglich. Auch weitere Begleiterscheinungen wie Gefühls- und Bildübertragungen oder Hellwissen können auftreten. Zusätzlich zum automatischen und empfangenden Schreiben kann man noch das inspirierte Schreiben erwähnen, dass ich bereits im Kapitel über Inspiration angeführt habe. Beim inspirierten Schreiben ist der Schreibende von einem Geist beeinflusst oder eben inspiriert und setzt diesen Einfluss auf seine Weise kreativ in Form von Texten oder Dichtungen um.

Mediales Sprechen

*Die Sprache eines Geistwesens kann dich
auf ihre Weise ganz direkt berühren.*

Das mediale Sprechen ist die vermutlich populärste Form des Channelns. Beim medialen Sprechen kann man wiederum das automatische Sprechen und das empfangende Sprechen voneinander unterscheiden.

Automatisches Sprechen

Beim automatischen Sprechen bedient sich eine Wesenheit der Sprachorgane des Mediums und spricht direkt durch das Medium. Oftmals bemerkt man hierbei eine Veränderung von Stimme, Akzent, Tonlage oder Duktus der Person im Vergleich zum alltäglichen Sprachgebrauch. Die Sprache kann sich stockend roboterartig anhören – aber auch melodischer als üblich; sie variiert je nach Wesenheit. Ich beobachtete anhand meiner eigenen Tonbandaufzeichnungen oftmals eine sehr sanft schwingende Sprache bei den meisten weiblichen Wesenheiten und Göttinnen, während sich männliche Wesenheiten und Meister häufig eher sachlich und klar äußern.

Ein Sprachmedium ist während der Übertragung in einer stärkeren Form der Trance oder sogar in Volltrance. Nach meiner Beobachtung gibt es verschiedene Energiezentren, über die Geistwesen während des Sprachchannelns auf ihr Medium wirken, und in jedem Fall wird das Kehlkopfchakra beeinflusst. Oft wird jedoch gleichzeitig am Kronenchakra, am Dritten Auge oder am Herzchakra mitgewirkt. (Über die Chakren berichte ich im Übrigen im Kapitel "Das Energieskelett", Seite 143 ff.) Ein leichtes Nach-hinten-Kippen des Kopfes kann die Sprachübertragung erleichtern.

Die Geistwesen können sich während des Vorgangs unmittelbar neben oder hinter dem Medium aufhalten oder in ihm aufgehen. Es ist möglich, dass das Medium spürt, wie es dem Wesen Platz macht und ihm gestattet, seine Sprachorgane zu nutzen. Es kann aber auch sein, dass so etwas mehr oder weniger unfreiwillig passiert. Volltrancesprachmedien bekommen nicht viel vom Inhalt des Gesprochenen mit, häufig aber von dem dabei übermittelten Gefühl. Je stärker die Trance und die Übernahme des Geistwesens während des Channelings sind, desto weniger kann sich das Medium an die Übertragung erinnern.

Es kommt sogar vor, dass Medien in fremden Sprachen sprechen oder schreiben, die sie im alltäglichen Leben nicht beherrschen. Ich habe einen Bekannten, der in Trance und im Traum fließend eine alte keltische Sprache spricht, während er im normalen Leben stottert. Bei schamanisch arbeitenden Kollegen kommt es ebenso mehrfach vor, dass während eines Rituals Segensformeln oder Ähnliches in fremden Sprachen gesprochen werden. Auch mir passiert das häufig.

Volltrancemedien und Schamanen geben ihren Sprachkanal für die entsprechenden Wesenheiten in vollstem Vertrauen frei, da die Übernahme eines solchen Wesens oftmals gewünschter Bestandteil eines Rituals ist.

Empfangendes Sprechen

Beim empfangenden Sprechen teilt sich das Geistwesen dem Medium telepathisch mit. Telepathie ist, wie bereits erwähnt, die Übertragung von Gedanken auf eine mediale Person, die diese Gedanken empfängt. Das heißt, ein hellhörendes Medium empfängt die Gedanken oder Worte eines Geistwesens und spricht diese aus. Das Medium ist dabei das direkte Sprachrohr und kann, ähnlich einem Dolmetscher, Wort für Wort die Informationen des Wesens weitergeben. Ist ein zeitlicher Abstand zwischen der Übertragung und dem Übermitteln, kann die Botschaft oft nur noch sinngemäß wiedergegeben werden.

Es ist nicht nötig, in voller Trance zu sein, wenn man ein Sprachmedium ist. Die meisten empfangenden Sprachmedien gehen nur in Halbtrance. Sie sind anwesend, aber sie lassen ihre Funktion als Übermittler und Kanal zu. Eigene Stile und Eigenschaften der Geistwesen sind auch hier erkennbar. Die Informationen können das Wissen und die Fähigkeiten des Mediums durchaus überschreiten, und in vielen Fällen schulen die Geistwesen ihr Medium durch das Channeling. Wie bei anderen medialen Aktivitäten sind die Übertragungen auch hier oftmals begleitet von Bildern, Gefühlen oder intuitiven Eingebungen.

Ich möchte dir die Möglichkeit eines genauen Einblicks in das Wirken eines Sprachmediums geben, indem ich dir auch hier etwas über die Arbeit einer Kollegin berichte. Bei ihr hat sich das sprachmediale Wirken über die Jahre ganz natürlich entfaltet. Zu Beginn hat sie die Botschaften noch laut von außen eingegeben wahrgenommen. Aber mit der Zeit entfaltete sich dann das immer vertrautere Erkennen der Botschaften über die Gedankenebene. Wenn sie channelt, spricht sie den eintreffenden Gedanken sofort in dem Moment aus, in dem er ihr einfällt. Auch bei ihr verhält es sich so, dass sie nach der Übertragung die Botschaft nur noch sinngemäß wiederholen kann.

Sie ist während der Übertragung in einer geübten Halbtrance, die sie mittlerweile als normalen Zustand empfindet, in dem sie frei von eigenen Gedanken, ganz in ihrer Mitte und auf nichts konzentriert ist. Sie nimmt die Anwesenheit von Geistwesen deutlich wahr und kann diese auch für Fragen ihrer Klienten bewusst rufen. Während der Übertragung fühlt sie sich sicher, sie spürt das Geistwesen in ihrem Raum, sie fühlt Energie in ihrem Halschakra und ihrem Kopf und hat im Moment der Übertragung das Gefühl, sowohl ein Lichtwesen zu sein als auch als sie selbst einfühlsam und empathisch für ihren Klienten anwesend zu sein. Diese Gleichzeitigkeit ist sehr typisch für Halbtrance-Channelings. Ihr Energieniveau wird während der Übertragung angehoben. Ihre für das mediale Empfangen geübten Seelenanteile werden aktiviert.

Auch sie hat ihre Lieblingswesen, die mit ihr sprechen und ihren Klienten helfen wollen. Bevorzugt sind dies Kristallwesen, aber auch Engel oder andere Geistwesen kommen bei ihr durch. Sie lässt dabei nur Kontakte zu, die eine hohe und warme Energie mit sich bringen; kalte Temperaturen signalisieren ihr hingegen niederenergetische Wesen. Wenn sie Kälte spürt, öffnet sie keinen direkten Kanal, sondern übermittelt die Botschaft indirekt. Das kann zum Beispiel bei Jenseitskontakten geschehen. Um eine saubere und sichere Übertragung zu garantieren, kann sie sich ganz auf die lichte und glasklare weiße Energie ihres liebsten und vertrautesten Geistwesens verlassen.

Die Wesen, die über sie kommunizieren, sind ganz unterschiedlicher Natur, einige sind eher sanft, andere eher direkt. Es finden sich jedoch immer die richtigen Wesen für den Klienten, die so zu ihm sprechen, dass er die Botschaft auch annehmen kann. Sie benötigt keine Informationen von oder über ihre Klienten, jedoch ist die Offenheit des Klienten für das Reading eine Erleichterung. Früher hatte sie oft auch nach den Sitzungen noch eine Verbindung zu ihren Klienten und spürte deren Emotionen. Als professionelles Medium lernt man allerdings schnell, diese Verbindungen nach den Sitzungen zu trennen – und das empfiehlt sie auch jedem angehenden Medium. Heute hat sie nach den Sitzungen mehr Energie zur Verfügung als zuvor und kann diese für sich selbst kreativ nutzen. Sie kennt ihre energetische Struktur und weiß, wann es zu viel ist. Dann nutzt sie die Zeit für einen reinigenden Rückzug.

Die Themen ihrer Channelings erstrecken sich vom allgemeinen Weltgeschehen bis zum persönlichen Seelenwachstum und Alltag der Klienten. Sie nutzt die Beratungsthemen und Tipps ihrer geistigen Helfer oft auch für sich selbst und ihre persönliche Entwicklung und kann ihre Gabe auf diese Weise für sich selbst und andere nutzen.

Das Öffnen unserer Kanäle für eine erweiterte Wahrnehmung wie das Channeling verändert uns und unseren Alltag. Es kann uns und unser Umfeld bereichern, aber durchaus auch belastend sein. Jedes Medium lernt auf seine Art, mit seiner Gabe konstruktiv umzugehen. Scheue dich nicht, erfahrene Medien um Rat zu fragen oder dich an ihren Erfahrungen zu orientieren, wenn du Hilfe im Umgang mit dem Channeln suchst! Auch Medien müssen ihren Alltag meistern.

Energieübertragungen

Bei jeder medialen Übertragung fließt Energie!

Energieübertragungen können während des Channelvorgangs auf den Körper und das Bewusstsein des Mediums und des Klienten stattfinden. Während eines Channelings findet in der Regel immer eine Energieübertragung statt, denn die Informationen, die das Medium empfängt, sind ja letztendlich bereits Energie. Zusätzlich wird dem Medium aus der spirituellen Ebene eine etwas höhere Schwingung zugeführt, damit dieses besser in Resonanz mit dem Geistwesen oder der zu lesenden Quelle gelangt und dadurch dazu im Stande ist, die Informationen ertragen und aufnehmen zu können. Das ist notwendig, weil die Botschaften und Frequenzen, die bei einer medialen Durchgabe übermittelt werden, wesentlich feiner und höher sind in ihrer Schwingung als die alltäglichen Kräfte des Mediums. Die erhöhten Schwingungen werden dabei in den feinstofflichen Körper des Mediums eingegeben.

Jeder Mensch hat außer seinem physischen Körper auch einen Energiekörper, der aus mehreren Schichten besteht und Einfluss auf dessen Gesundheit und Psyche hat. Dieser feinstoffliche Körper, über den du im Kapitel "Das Energieskelett" (Seite 143 ff.) mehr erfahren wirst, wird von hellsichtigen und hellfühlenden Menschen als Aura wahrgenommen. Er umgibt und durchdringt den physischen Körper und versorgt ihn mit Impulsen und Lebenskraft. Dies tut er hauptsächlich über seine Energiezentren, auch Chakren genannt, die eng mit dem endokrinen System, also dem Hormonsystem des

Menschen, verbunden sind. Das Hormonsystem organisiert und steuert durch die Aussendung seiner Botenstoffe sämtliche Funktionen des menschlichen Körpers, wie zum Beispiel die Verdauung, das Wachstum, die Fortpflanzung und anderes.

Während einer medialen Verbindung wird meistens zuerst Kontakt über das Kehlchakra am Hals aufgenommen. Man kann das als Energiestrom wahrnehmen, der von hinten in den Halsbereich des Mediums geleitet wird. Je mehr auch das Bewusstsein des Mediums mitwachsen soll, desto mehr wird in sein feinstoffliches System eingegriffen. Das Kronenchakra auf dem Kopf des Mediums wird dann immer stärker geöffnet und aktiviert, und die Energie breitet sich stärker im Medium aus, bis es schließlich von ihr durchdrungen und umhüllt ist. Diese volle Durchdringung und Einhüllung des Mediums bewirkt das Gefühl der Vollkommenheit, des tiefen Friedens und der liebevollen Unterstützung, das oft mit einem Channelingprozess einhergeht. Die geistige Welt ist in der Regel genauso interessiert am spirituellen Wachstum des Mediums wie dessen Seele selbst, denn dann können die Botschaften leichter und ohne großen Aufwand übertragen werden. Je höher und feiner die Energie ist, desto höher wird auch der Bewusstseinsgrad des Mediums. Das bedeutet, durch die medialen Kontakte kann sich dein Bewusstsein langfristig immer mehr erweitern und deine Schwingungen werden dabei immer feiner.

Zu Beginn seiner Laufbahn kann ein Medium noch nicht sehr viel der übertragenen Kraft für sich verwenden oder verwerten, der größte Teil verschwindet noch nach Beendigung der Übertragung. Es kann mitunter sogar vorkommen, dass ein Gefühl der Leere oder sogar Traurigkeit entsteht, wenn die Energie nach dem erhöhenden Kontakt wieder abfällt. Doch langfristig und durch viel Übung kann das Medium durch seine eigene Bewusstwerdung und die Integration seiner Channelerfahrungen sein energetisches Niveau immer mehr steigern und sich so für noch höhere Schwingungen öffnen. Die Seele ist dann stärker und permanenter mit dem Alltags-Ich verbunden, und das Medium ist dadurch auch im gewöhnlichen Leben wesentlich bewusster und kraftvoller.

Es ist ebenfalls möglich zu channeln, ohne die übertragenen Botschaften bewusstseinsfördernd zu integrieren. Das trifft zum Beispiel häufig bei Volltrance-Medien zu. Durch die bewusstseins-fördernden Themen im Zusammenhang mit den hohen Schwingungen während des Vorganges können dabei jedoch unterbewusste Prozesse in Gang gesetzt werden. Eine Wahrheit, die der Körper und die Seele fühlen, geht nicht ohne Wirkung am Medium vorbei. Integriert das Medium diese Prozesse dauerhaft nicht oder löst man dabei entstehende Widerstände nicht auf, kann die Energie nicht gesund fließen und man kann Unruhezustände, Schwere, Druck und andere körperliche oder psychische Beschwerden be-kommen. Je unregelmäßiger medial gewirkt wird, desto eher kann man außerdem mit einer Art "energetischem Muskelkater" rechnen.

Meiner Erfahrung nach werden bei einem Channeling ange-sprochene Seelenthemen und Informationen bereits während der Übertragung von einem starken Erkenntnisprozess mit transfor-mierenden, aufbauenden, auflösenden und erhellenden Wirkungen begleitet. Dieser Prozess kann sowohl die Psyche und den Ener-giekörper des Mediums als auch den des Klienten, für den die Übertragung stattfindet, verändern. Im Idealfall betrifft dies die Auflösung und Heilung von störenden Einflüssen und Mustern sowie die psychische Stärkung, das persönliche Wachstum wie auch die bereits erwähnte Weiterentwicklung und Stabilisierung des feinstofflichen Systems. Bei Übertragungen mit niederen Wesen kann es dagegen zu Energieentzug sowie zu psychischen Störungen und Schwankungen kommen.

In meinen öffentlichen Gruppen-Channelings und den per-sönlichen Einzelchannelings habe ich immer wieder erlebt, wie bei den Anwesenden starke Prozesse ausgelöst wurden. Teilnehmer meiner medialen Abende, Göttinnenchannelings oder Einzelchan-nelings fühlen zusätzlich zu den für sie hilfreichen Informationen

auch Stärkung, Geborgenheit und Unterstützung. Mediale Übertragungen mit gleichzeitigen Einführungen oder Einweihungen in
bestimmte Wahrnehmungsgrade sind ebenso möglich. Und auch
hierbei arbeitet die geistige Welt während der Informationsübertragung gleichzeitig gezielt am feinstofflichen Körper der Beteiligten,
um diesen für neue bewusstseinsöffnende Wahrnehmungs- und
Empfangsmöglichkeiten zu schulen. Solche Einwirkungen sind
ein intimer Eingriff in den eigenen Energiekörper und die Psyche.
Daher empfehle ich, solltest du eine solche Einweihung machen
wollen, dies nur dann zu tun, wenn du dem Medium vertrauen
kannst. Aber nicht nur gezielte bewusstseinsfördernde Übertragungen geschehen, sondern auch heilende und gesundheitsfördernde Energien können über das Medium weitergeleitet werden.

Heilchanneln

Durch den Geist kann
wundersame Heilung geschehen.

Eine besondere Form der medialen Übertragung ist das Heilchanneling. Es gibt drei Arten der Heilübertragung, die mit Channeling in Verbindung stehen: das Übertragen von heilsamen Energien, das Channeln von heilsamen Informationen und das Heilbeten. Letzteres ist genau betrachtet kein eigentliches Channeling über einen Kanal. Es betrifft zwar jene Medien, die mit heilenden Geistwesen in Kontakt stehen, doch diese geben die Bitte nach Heilung direkt an die geistige Welt ab. Eine Energieübertragung durch das Medium findet nicht statt, denn dieses ist dabei nicht als Kanal, sondern nur als Bote tätig. Vor allem Medien, die sich mit Heilwesen oder mit verstorbenen Heilern und Ärzten kurzschließen, haben die Möglichkeit, heilende Informationen zu channeln. Sie erhalten dabei oftmals direkten Rat für die Heilung.

Ein Beispiel hierfür ist ein Mann, den ich einmal kannte. Er empfing simple Hausrezepte in Form von kleinen Gedichten und erzielte damit großartige Erfolge. Er war selbst immer wieder überrascht, wie diese einfachen, oft auch lustig klingenden Gedichte tatsächlich wirksame Heilmethoden für seine Klienten vermittelten. Doch durch das mediale Empfangen von Heilbotschaften kann man durchaus gesundheitsfördernde Tipps, Krankheitsursachen und auch Informationen über Allergien und Lebensmittelunverträglichkeiten des Klienten erfahren. Sie können als klare Anweisungen, als Bild, Symbol, Traum oder sogar Gedicht eingegeben werden.

Für eine direkte mediale Heilübertragung muss das Medium sich völlig frei von persönlichem Wissen, Wollen oder Können machen, sich offen für die Übertragung zur Verfügung stellen und ein klarer Kanal sein. Die persönliche Meinung, das eigenständige Projizieren von Symbolen oder Energieübertragungen nach erlernten vorgegebenen Strategien haben in einem solchen Heilchanneling nichts zu suchen, denn dabei sollte man völlig frei vom Ego und von eigenen Vorstellungen sein.

Eine gute Methode für das Heilchanneling ist zum Beispiel, seinen Geist völlig frei zu machen und sich auf etwas Reines und Natürliches zu konzentrieren, die Intention der Heilung abzuschicken, diese dann loszulassen und die Energie des Heilstromes schließlich einfach fließen zu lassen. Ich kenne einen Heiler, der sich hierfür zum Beispiel auf einen wunderschönen heiligen Ort konzentriert. Er ruht sein persönliches Bewusstsein quasi an diesem Ort aus. Und während er sich mit einem Teil seines Selbst an einen klaren Wasserfall im schönsten Grün der Natur begibt, können die Energien ganz von allein durch ihn hindurchfließen, nicht zuletzt weil er in Einheit mit der Schöpfung ist und ihn kein Wunsch oder Gedanke stört. Der Heilstrom kann dadurch ungehindert und unzensiert an den notwendigen Chakren und Körperzonen wirken, Risse, Flecken oder Verstopfungen der Aura reinigen, sie mit den natürlichen Ressourcen auffüllen und dazu beitragen, das Körper, Geist und Seele des Klienten wieder in Einklang kommen. Wie eine Dusche aus klarem farbigem Licht fließt die Energie durch das Medium hindurch zum Klienten und kann sich dort ganz natürlich heilend entfalten.

Es gibt auch viele heilend Tätige, die zum Beispiel mit Reiki oder anderen Techniken Energie auf ihre Klienten übertragen. Ich bin dabei jedoch sehr vorsichtig, denn das verstandesgesteuerte Anwenden von Heiltechniken kann auch schiefgehen. Nicht jeder,

der Reiki ausübt, hat auch die seelische Klarheit, um die Informationen, die für die Heilung richtig sind, rein zu empfangen. Und was für einen Menschen heilend ist, muss bei einem anderen längst nicht hilfreich sein. Ein reines Heilchanneling ist es, wenn das Medium während des Vorganges selbst gespannt zuschaut und dazulernt. Alles andere ist oft persönliche Energieübertragung oder Lenkung und Wandlung von kosmischer Energie nach erlernten Schemata und Vorstellungen. Natürlich kann das ebenso heilend wirken, schon allein durch die Intention der Liebe und Zuwendung, die jeder Heilung zugrunde liegt. Doch es macht durchaus Sinn, sein eigenes Können hin und wieder einmal zu vergessen und sich für die reine Information von oben zu öffnen. Dafür sind ein tiefes bedingungsloses Vertrauen, eine reife seelische Entwicklung und die Fähigkeit, Eingebungen aus der geistigen Welt von eigenen Vorstellungen unterscheiden zu können, notwendig. Gerade beim Thema Heilung tragen wir eine besonders große Verantwortung.

Ich kenne eine Reiki-Meisterin, die einmal eine Komapatientin behandelte. Sie schickte ihr Energien und schenkte ihr Engelchen, konnte sie aber nicht wahrnehmen. Sie folgte dann immerhin ihrer Intuition, mir ein Foto der Patientin zu zeigen, die dadurch zu mir finden konnte. Diese Frau hing in ihrem Koma fest, weil sie einerseits Angst vor der Heilung hatte und sich andererseits um die Unterbringung ihrer Tochter sorgte, die von ihrem derzeitigen Lebensgefährten, mit dem sie sich nicht sehr gut verstand, versorgt werden müsste. Durch das Gespräch und die dabei fließende Unterstützung aus der geistigen Welt fand die Klientin zu ihrem Kampfgeist und Lebensmut zurück. Ich rief die liebe Reiki-Meisterin an, teilte ihr das Ganze mit und beschrieb ihr den Mann. Sie bestätigte das Aussehen und die Informationen über den Mann sowie die Situation und war überrascht, dass ich das wissen konnte. Ich hingegen war überrascht, dass sie die ganze Zeit der Behandlung nicht einmal Kontakt zur Seele ihrer Klientin aufgenommen hatte. Einige Tage später berichtete sie mir über-glücklich von der beginnenden Genesung der Frau.

Wenn du also mit Energie heilen willst, möchte ich dir ans Herz legen, gravierende Fälle – wenn überhaupt – nur dann zu be-handeln, wenn du tiefstes Vertrauen in deine Seele spürst – in deine Seele, nicht in deinen Verstand. Bitte gehe mit einem gesunden Verantwortungsgefühl an das Thema Fremdheilung he-ran! Es gibt viele allgemein wirkende Techniken, die du problemlos anwenden und mit denen du gut helfen kannst. Aber achte bitte auch darauf, wo deine Grenzen sind! Ein Tee mit Honig hat noch niemandem geschadet. Aber man sollte nicht gleich mit einem Skalpell herumfuchteln. Je spezieller die Techniken sind, desto mehr kannst du auch falsch machen. Dein Klient läuft dann mit Informationen von irgendwelchen Symbolen in sich herum – ähn-lich einem Medikament, das du ihm verabreicht hast –, weil du denkst, sie könnten die richtigen sein. Ich möchte hier niemandem seine teure Reiki-Ausbildung madig machen, sie ist sicher ein guter Einstieg. Ich möchte nur dazu aufrufen, sich, nachdem man etwas gelernt hat, auf das unser Unterbewusstsein und die geistige Welt zurückgreifen können, dann auch für diese zu öffnen und sich nicht selbst zu überschätzen. Wenn du eine solche Ausbildung ge-macht hast, hast du dabei sicher gelernt, deine Sinne zu sensibili-sieren und mit Energien umzugehen. Sieh dies als Tor zu deinem Weg als Heiler! Viele Menschen haben dieses Tor ganz intuitiv in sich oder haben es bereits in einem früheren Leben geöffnet. Nutze solche Ausbildungen, um ein Gefühl für die Sache zu be-kommen oder um dein uraltes Wissen zu reaktivieren. Manchmal braucht man nur einen Anstupser. So ist mein Rat zum Thema Heilchanneling: Wenn du ein richtig guter Heilchannel werden willst, nutze das, was du gelernt hast, als Werkzeug, indem du selbst das Werkzeug der geistigen Welt wirst!

Jenseitskontakte

Die Seele eines Menschen besteht auch
nach dem Ableben des Körpers weiter und
kann sich mit uns in Verbindung setzen.

Jenseitskontakte sind mediale Kontakte mit großem emotionalem Gehalt, die dem Medium viel Mitgefühl und Einfühlungsvermögen abverlangen. Die Verstorbenen, die Kontakt suchen, haben dabei in der Regel eine starke Bindung zu ihrem aufgesuchten Angehörigen und umgekehrt. Ungesagtes kann kommuniziert werden, ungeklärte Themen können noch einmal angesprochen werden und auch Wünsche für den weiteren Weg des Angehörigen werden oft geäußert. Alle Medien, die ich kenne, inklusive mir selbst, spüren die starken Gefühle, die während des Kontaktes vorhanden sind. Oftmals kommen dem Klienten Tränen der Liebe und der Trauer, aber auch erleichternde Tränen fließen und es lösen sich Schuldgefühle und Selbstvorwürfe durch die Botschaft des Verstorbenen auf. Die verstorbenen Liebsten oder Angehörigen zeigen häufig deutliche Erkennungsmerkmale, an denen sie ihr Angehöriger identifizieren kann, um sich von der Wahrhaftigkeit der Übertragung zu überzeugen. Das geschieht in der Regel wie von selbst, da sie sich gerade die erste Zeit nach dem Tod sehr nah an ihrer sterblichen Persönlichkeitsstruktur zeigen und Redewendungen, Kosenamen oder Ähnliches verwenden, die für die Beteiligten eine Bedeutung haben.

So geschah es auch bei meiner ersten Jenseitsübertragung für einen guten Freund, dessen Vater gestorben war. Ich hatte seinen

Vater nie kennengelernt und wir redeten auch nie über ihn. Aber als er starb, besuchte mich mein Freund voller Trauer. Ich bemühte mich sehr darum, ihm zu helfen und ihn aufzubauen. In den Tagen seines Besuches kam es dann dazu, dass ich die Anwesenheit seines Vaters sehr stark bei ihm spürte. Zur gleichen Zeit sah ich, wie ihm Tränen in die Augen schossen. Ich bot ihm an zu versuchen, einen Kontakt herzustellen, der sofort zustande kam. Der Vater meines Freundes zeigte sich mir und ich beschrieb ihn. Er sprach davon, wie sehr sein Sohn recht hatte in Bezug auf ein ungeklärtes Thema und dass er ihn so gern umarmen würde. Er sagte ihm alles, was er ihm noch sagen wollte, bevor er gehen musste. Er beschrieb einen starken Sog zum Licht, wo er seine Frau, die Mutter meines Freundes, aufsuchen wollte. Während des Channelings nannte er in seiner Heimatsprache den Spitznamen, den er meinem Freund als Kind gegeben hatte, und knuffte ihn liebevoll zum Abschied.

Meinem Freund bedeuteten diese Informationen sehr viel. Ein paar Tage später musste er in seine Heimat fahren, um die Beerdigung und alle Formalitäten zu klären. Er rief mich an, um mir zu sagen, dass nicht nur die Beschreibung, der Spitzname und die Art, wie sein Vater ihn als Kind angestupst hatte, stimmig waren, sondern auch in dem beantragten Visum des Vaters für den geplanten Deutschlandbesuch war als Grund notiert, dass er seinen Sohn umarmen wollte. Mein Freund war sehr dankbar für diese Möglichkeit des Abschieds.

Jenseitskontakte sind energetisch anstrengender als Kontakte zu geistigen Lichtwesen, weil sie auf einer anderen Ebene stattfinden. Offensichtlich gibt es so etwas wie eine Zwischenebene, die ich bei diesem ersten bewussten Kontakt das erste Mal wahrnahm. In dieser Ebene irrten auch einige Geister herum, die nicht begriffen, dass sie bereits gestorben waren, und nicht wussten, wo sie hingehörten. Es kommt vor, dass sich bei Jenseitskontakten Wesen anheften, die Energie ziehen wollen, an die sie selbst nicht herankommen. Darum ist es sehr wichtig, dass ein solcher Kontakt in einem geschützten Rahmen stattfindet und dass sich das Medium danach deutlich von der Ebene trennt, auf der der Kontakt stattgefunden hat. Ich habe große Achtung vor Medien, die regelmäßig Jenseitskontakte machen. Jene, die ich kenne, beschreiben, dass sie sich bei diesen Kontakten stärker beschützen lassen und die Sitzungen anstrengender sind als andere mediale Übertragungen. Ich selbst mache sie dann, wenn jemand explizit aus diesem Grund zu mir kommt, und biete sie nicht direkt an. Wenn jemand aber zu mir findet und einen Jenseitskontakt wünscht oder wenn ich spüre, dass der Angehörige bereits anwesend ist, dann bin ich gerne bereit, mit ihm oder für ihn zu sprechen.

Die beschriebene Orientierungslosigkeit, die ich bei diesem damals ersten Jenseitskontakt in der Zwischenebene wahrnahm, begegnete mir noch häufig. So habe ich einige Verstorbene erlebt, die nicht wussten, wie sie den Weg ins Licht finden sollten, weil sie in ihrer Persönlichkeit kein Leben nach dem Tod akzeptiert hatten und nun natürlich auch ihren körperlichen Tod nicht akzeptieren konnten. Sogar Verstorbene, die nicht an Medialität glaubten, sind mir begegnet. So rief mich einmal eine Frau an, die mich nach ihrem verstorbenen Mann fragte. Er war bereits anwesend und regte sich darüber auf, dass sie mich anrief, weil er an solchen Humbug nicht glaubte. Sie lächelte und bestätigte mir diese Meinung von ihm. Im Verlauf des Gesprächs äußerte er seine Befürchtungen gegenüber Bekannten, die die beiden hatten. Er meinte, dass sie ihnen nicht trauen solle. Sie sagte, er fand immer, dass sie zu gutmütig sei und sich nicht ausnutzen lassen dürfe. Er ermahnte sie auch, dass sie ruhig ein wenig strenger zu ihrem gemeinsamen Sohn sein dürfe, sonst würde er ihr eines Tages noch auf der Nase herumtanzen. Ja, sagte sie, auch das habe er schon im Leben immer gesagt. Im Verlauf des Gespräches entschied er, mich doch als Medium zu akzeptieren. Er sprach noch viele Themen an, bei denen er seine Frau unterstützen wollte, die sich mit allem allein sehr überfordert fühlte. Es war ein langes Gespräch, bei dem er seiner Frau noch einmal seine Nähe und Unterstützung zeigen konnte und ihr Mut machte, dass sie die Dinge, die nun auf sie zukamen, meistern würde. Er beschloss, noch eine Weile bei ihr zu bleiben, und ich beschrieb ihm, wie er den Weg hinüber findet, wenn er so weit ist.

Viele Seelen, die sich verirrt haben, verstehen nicht, was mit ihnen geschehen ist, oder hängen noch so sehr an ihrer alten Realität, dass sie diese immer wieder zu durchleben versuchen. Es kann ihnen sehr helfen, wenn man ihnen mitteilt, was mit ihnen geschehen ist und wie man zu ihnen steht. Es macht sehr viel Sinn, dass man ihnen den Weg ins Licht beschreibt, damit sie diesen gehen können, wenn sie so weit sind. Meistens geht das dann sogar sehr schnell und wird dankbar und erleichtert angenommen. Wenn du selbst spürst, dass eine Seele noch bei dir ist, und du das Gefühl hast, dass es Zeit für den Abschied ist, kannst du ein kleines Ritual machen. Zünde hierzu eine weiße Kerze an, wenn du ungestört bist, teile der geliebten Person mit, was du empfindest, und sage ihr, dass sie dem Licht folgen soll, wenn sie heimkehren will.

Ich werde in diesem Buch keine Übungen zum Erlernen von Jenseitskontakten schildern. Sie sind einfach nicht für Neugierige oder zum Üben geeignet – zum einen aufgrund der Wesen, die sich dabei anheften können, zum anderen weil die emotionale Bindung zu manchen Verstorbenen einen Sog ausüben kann, der eine Todessehnsucht auslöst. Doch wenn Jenseitskontakte zu dir gehören, werden sie ihren Weg zu dir finden. Mehr zu diesem Thema findest du im Kapitel "Verstorbene", S. 98 ff.

Mischformen

Wenn viele Sinne vereint sind, verstärkt sich die
Wahrnehmung auf der geistigen Ebene.

Oftmals findet man mehrere der bisher beschriebenen Eigenschaften und Fähigkeiten in einem Medium wieder. Das heißt, die meisten Medien nutzen nicht nur einen Wahrnehmungskanal, sondern sind für verschiedenste Mischformen der medialen Wahrnehmung geöffnet, die ihrer Persönlichkeit und ihren Vorlieben angepasst sind. Jedes Medium hat seine individuellen Stärken und Schwächen. Jeder hat seine bevorzugten Geister oder Geistwesen, mit denen er kommuniziert, für die er energetisch bereit ist, die er mag, die ihn mögen und mit denen er eine Resonanz erreichen kann. In der Regel zieht ein Medium anhand seiner Einstellungen und Gedankengänge die Wesen in sein näheres Umfeld, die ihm besonders entsprechen oder die ihm beziehungsweise seinen Klienten in der derzeitigen Lebensphase am besten zur Seite stehen können. Allgemein kann man sagen, dass, je nachdem in welche Richtung man seine Absichten ausrichtet, man aus der geistigen Welt auch Hilfe in dieser Richtung erfährt. Die Qualität des medialen Wirkens hängt neben der Intention auch von den Eigenschaften des Mediums sowie von der Reife und Qualität seiner Quelle ab. Beide bedingen sich in der Regel, denn ein Geistwesen sucht sich selten ein Medium, das mit seinen Aussagen nichts anfangen kann.

Eine meiner Kolleginnen ist ein bekanntes Medium, das sehr vielschichtig medial arbeitet. Ich schreibe hier ein paar Worte über die Art, wie sie arbeitet, damit du dir auch an dieser Stelle ein Bild davon machen kannst, wie Medien arbeiten, die auf mehreren Ebenen empfangen können. Meine Kollegin ist von Geburt an medial begabt. Es war für sie immer ganz normal, mit Geistwesen zu kommunizieren. Diese Kommunikation hat sie nie unterbrochen. Sie sieht, hört und spürt die Wesen, ist hellwissend und stark intuitiv. In ihrem Leben hat sie sehr viele Erfahrungen gesammelt, um gesund und treffsicher mit ihrer Gabe umgehen zu können. So hat sie letztendlich mit der geistigen Welt klare Absprachen getroffen. Wenn sie sich für eine mediale Durchgabe öffnet, stellt sie sich voll und ganz zur Verfügung. Es sind dann die Geister, die entscheiden, was, wie viel und über welche Kanäle durch sie übertragen wird. Im Gegenzug wird nichts getan, was sie nicht mit sich machen lassen will. Der Channelingvorgang geht bei ihr sehr schnell vonstatten und braucht keine Vorbereitungszeit – wenn entschieden wird, dass sie jetzt bereit ist, Informationen zu empfangen, geht es auch schon los. Sie ist dann ganz präsent bei der Übertragung und ist durch äußere Störfaktoren nicht mehr abzulenken.

Sie spricht das, was kommt, sofort aus. In ihrem Fall können es exakt übermittelte Aussagen, Bilder und Emotionen sein sowie Wissen, das ihr in diesem Moment unmittelbar zur Verfügung steht. Sie arbeitet hauptsächlich auf zwei Wegen bei den Übertragungen. Die Direktchannelings, in denen sie reine Informationsdurchgaben bekommt, sind bei ihr vergleichbar mit dem Abheben eines Telefonhörers. Sie nimmt sinnbildlich den Hörer ab, und in diesem Moment findet auch schon eine Frequenzerhöhung statt, die es ihr ermöglicht, die Botschaften zu übermitteln. Sie ist dabei als Person neutral im Hintergrund anwesend und bekommt mit, welche Antworten gegeben werden. Wenn sie beispielsweise Übertragungen für Verstorbene macht oder auch, um weitere Details zu erfahren, geht sie in Halbtrance. Dann erlebt sie die Botschaften oft mit all ihren Wahrnehmungskanälen, so als wäre sie mitten im

Geschehen. Dabei ist ihr bewusst, dass dieses Erlebnis nicht zu ihr als Person gehört, sondern für ihren Klienten bestimmt ist.

Sie begrenzt sich auf keine bevorzugten Wesenheiten oder Themen. Sie spricht mit den Begleitern ihrer Klienten, mit Verstorbenen, Göttinnen, Engeln und Meistern. Sie fragt nicht mehr nach, wer ihr die Durchgabe gibt, das Ergebnis ist für sie entscheidend. Durch ihre Erfahrung kann sie sehr gut einschätzen, ob ihre Quelle sinnvoll ist. Sie braucht für eine mediale Botschaft zudem keine persönlichen Informationen und keinen direkten Kontakt mit dem Klienten.

Auch ich selbst betrachte mich als Mischform-Channel, ich wirke jedoch vorwiegend als hellsichtiges Sprach- und Schreibmedium. Ich spüre die Anwesenheit der Geistwesen in mir wie eine Art freundlichen Gruß und fühle sie auch im Raum um mich herum. Oftmals werden meine Hände oder mein Herz bei der Kontaktaufnahme warm und ein Lächeln breitet sich, ganz ohne mein Zutun, auf meinem Gesicht aus. Ich begebe mich für die mediale Übertragung in eine aufrechte Körperhaltung. Recht schnell spüre ich, wie sich die Energie und die Präsenz des Geistwesens in mir ausbreiten und ich körperlich in eine gerade Position aufgerichtet werde. Mein Kopf geht dabei meistens leicht in den Nacken, insbesondere beim Sprachchanneln. Manchmal spüre ich ein Knistern im hinteren Kopfbereich, gerade so als ob die Leitung freigelegt würde. Auch ich brauche keine Vorabinformationen von meinen Klienten. Für den Kontakt bevorzuge ich jedoch eine persönliche oder auch eine telefonische Begegnung, weil die Emotionen und Energien, die während des Channelings fließen, für mich und den Klienten so am besten spürbar sind und weil mir das ein direktes Feedback gibt.

Die meiste Zeit und gerade in der Arbeit mit Klienten gehe ich in Halbtrance. Ich ziehe mich in den hinteren Bereich meines Körpers zurück und mache der Präsenz des Geistwesens Platz. In der Regel beginnt es dann auch sehr schnell, mir die passenden und wichtigen Informationen für meinen Klienten oder mich zu übermitteln. Meistens höre ich dabei die Botschaften in Form von

Gedanken, die mir eingegeben werden. Diese spreche ich sofort aus oder schreibe sie auf, so entsteht recht schnell ein Gesprächsfluss. Der Klient hat die Möglichkeit, seine Fragen von dem anwesenden Geistwesen beantwortet zu bekommen. Ich bin dabei quasi die Leitung. Ebenso wie es bei vielen anderen erfahrenen Medien ist, beobachte auch ich, dass immer die richtigen Geistwesen kommen, die genau für die betreffende Situation des Klienten sprechen können. Während der Übertragung empfinde ich Mitgefühl, Liebe oder ähnliche Emotionen für den Klienten, und oftmals sind meine Channelings auch von Bildern oder Symbolen begleitet. Nach der Übertragung kann ich nur sinngemäß wiedergeben, was ich aus dem Hinterstübchen meines Körpers mitbekommen habe.

Ich kommuniziere vorwiegend und besonders gern mit Aufgestiegenen Meistern, weil sie eine sehr klare und reife Energie haben und sich außerdem gut in die Position von uns Menschen hineinversetzen können – schließlich waren sie selbst einmal auf der Erde. Bei Geistwesen, die bisher nie auf der Erde inkarniert waren, habe ich manches Mal den Eindruck, dass sie unsere irdischen Probleme nicht so ganz verstehen können und unseren Schmerz oftmals nicht nachvollziehen können. Dennoch empfange ich auch sehr gerne Götterwesen und die Große Göttin, weil ich ihre einfache Weisheit, ihre Liebe und ihr Mitgefühl als sehr angenehm und heilsam wahrnehme – auch für meine Klienten. Es kommt ebenso vor, dass sich Engel, Schutzwesen, verstorbene Angehörige oder Krafttiere meiner Klienten über mich zu Wort melden. Am liebsten jedoch begebe ich mich in die Obhut von hochenergetischen Wesen, deren Botschaftsempfang mich keine Kraft kostet, weil sie mir und meinen Klienten während der Übertragung Energie schenken.

Ich kann aus den Botschaften für meine Klienten auch für mein eigenes Leben viel lernen und schätze es sehr, wenn mir immer wieder etwas beigebracht wird, mich die Geistwesen ehrlich und wachsam unterrichten und mich auf meine Schwachstellen, Wege und Möglichkeiten aufmerksam machen. Ebenso empfinde ich es als wundervoll, wenn mir meine Klienten sagen, wie gerührt sie sind und dass sie die Energien, die Zuversicht, die Liebe und das Vertrauen spüren, die ihnen die Geistwesen schenken. Sie sind sehr berührt und beeindruckt von den Channelings, nicht nur wegen der Informationen, die sie erhalten, sondern eben auch wegen der Energien, die sie spüren und die sie manches Mal zu Tränen rühren.

Bei Heilthemen nehme ich während meiner hellsichtigen medialen Beratungen auch Kontakt zu Seelenanteilen des Klienten auf. Insbesondere betrifft das die Seelenanteile, die verletzt wurden, oder Prägungen, die der Klient in sich trägt und die ihm in seiner aktuellen Lebenssituation nicht mehr förderlich sind. Ich berichte dem Klienten dann darüber und überlasse es ihm zu entscheiden, ob er zur Verbesserung seiner Situation Kontakt zu seinen inneren Anteilen aufnehmen will. Wenn es gewünscht wird, unterstütze ich auch dabei. Ich achte den freien Willen sehr und möchte niemanden übergehen, ich helfe jedoch gern, wenn man mich darum bittet. Ich bin sehr skeptisch gegenüber Kollegen, die behaupten, sie könnten das Karma eines anderen auflösen. Noch skeptischer bin ich gegenüber solchen Kollegen, die ungefragt an ihren Klienten herumdoktern, um sich selbst etwas zu beweisen oder sich darzustellen. Karma ist letztendlich ein gespeichertes Informationsmuster, das zumeist gebunden ist an eine starke Erfahrung und Emotion. Wenn wir wiederholt die gleichen unangenehmen Situationen durchleben, wird es für uns Zeit, die Wurzel dieser Situation, die in uns gespeichert ist, zu entdecken und aufzulösen. Ein Medium kann uns dabei helfen, die Ursachen und karmischen Muster zu erkennen und Hinweise und Rat geben, wie wir diese Muster lösen können. Es kann uns aber nicht unseren inneren Schmerz oder diese Erfahrungen nehmen. Doch Geistwesen können uns dabei unterstützen, die alten Energien zu lösen, auch während einer medialen Übertragung, jedoch nur aufgrund der Bitte des Ratsuchenden.

Unfreiwillige Medien

In Extremsituationen und durch
Beschädigungen der Aura kann es zu
ungewollten medialen Erlebnissen kommen.

Neben den professionellen Medien, die ihre Gabe kultiviert haben und damit umgehen können, sind als Letztes an dieser Stelle noch die sogenannten unfreiwilligen Medien zu erwähnen. Das betrifft Menschen, die willkürlich und ohne ihr bewusstes Zutun Durchgaben erleben. Normalerweise geht das nicht so einfach, da der Wille oder die Offenheit hierfür dann zumindest auf der Seelenebene vorhanden sind. Es gibt jedoch Extremzustände, wie zum Beispiel Nahtoderfahrungen oder durch Dehydrierung, Hunger oder Erschöpfung ausgelöste Empfänglichkeiten. Außerdem können durch Traumata oder andere extreme Geschehnisse Risse in der Aura entstehen, die eine Wahrnehmungsdurchlässigkeit auslösen. Auch Drogen- und Medikamentenmissbrauch können zu derartigen Rissen führen.

Wenn wir wach sind, ist unser Körper im Normalfall ununterbrochen damit beschäftigt, zwischen unglaublich vielen Informationen und Eindrücken auszusortieren, die im Augenblick für das Leben sinnvoll sind. Unsere Tageswahrnehmung wird von dieser gesunden Auslesearbeit bestimmt. Würden wir alles gleich wahrnehmen, was an Informationen um uns herum existiert, würden wir wahnsinnig werden und könnten uns nicht auf die lebensnotwendigen Vorgänge des Alltags konzentrieren. So ist es also sehr wichtig, dass man seine Wahrnehmung gezielt begrenzen kann. Es ist nicht unbedingt sehr sinnvoll, am Steuer seines Autos zu sitzen, während man gleichzeitig völlig ergriffen ist von der Aura der Erde und den vielen schönen Farben am Himmel.

Ein bewusstes und geschultes Medium nun ist dazu in der Lage, in passenden Momenten seine Wahrnehmung in einen anderen Bereich hin zu öffnen. Jemand, der seinen zur Abgrenzung nötigen Schutzfilter unter Umständen sogar dauerhaft beschädigt hat, kann diese Öffnung – oftmals auch ohne sie bewusst zu bemerken – nicht mehr richtig schließen. Das kann sich dann etwa dadurch äußern, dass er leicht abzulenken oder häufig zerstreut ist. Im schlimmsten Fall kann man durch einen Riss im Schutzfilter oder andere Formen unbewusster Offenheit tatsächlich in der geschlossenen Anstalt landen, weil man dauerhaft Stimmen hört, die nicht aufhören wollen. Wenn du also das Channeln erlernen willst, ist es nicht nur wichtig, Kanäle zu öffnen, sondern auch, sie wieder schließen zu können!

Vielleicht kommt dir die eine oder andere Beschreibung der Arten von Medialität aus deinem eigenen Leben bekannt vor – und vielleicht bist du medialer veranlagt, als du bisher dachtest. Auch wenn du nicht oder noch nicht täglich in ganzen Sätzen mit deinen Schutzengeln redest, hast du dennoch Momente, in denen sich deine Helfer dir mitteilen. Oder warst du bisher der Meinung, dass man nur dann ein Medium ist, wenn man laute Stimmen hört? Nun, ich hoffe, ich konnte dich vom Gegenteil überzeugen. Denn das Spektrum der medialen Wahrnehmung ist sehr groß und umfangreich.

Mit wem kann man medial kommunizieren?

In der geistigen Welt gibt es viele Begleiter,
Helfer und Freunde, die dir mit Rat
zur Seite stehen und dich inspirieren.

Auf medialem Weg können wir mit allem kommunizieren, was beseelt ist – vorausgesetzt natürlich, das beseelte Wesen möchte das auch. Das können unverkörperte Wesen sein, wie Aufgestiegene Meister, Engel, Götter, Sternenwesen, Naturgeister und Verstorbene, sowie im Körper lebende Wesen, wie Menschen, Tiere, Pflanzen und Steine. Jedes Lebewesen strahlt über sein Energiefeld unentwegt Informationen in seine Umwelt. Jeder Gedanke, jedes Gefühl, jeder Klang und jeder Impuls werden durch unsere Aura ausgestrahlt. Wir alle sind also zugleich Sender und Empfänger. Daher kann alles, was sendet und eine Aura hat, auch medial empfangen werden.

Unverkörperte Wesen

Unverkörperte Wesen haben häufig
den besseren Überblick.

Mit dem Begriff "unverkörperte Wesen" sind geistige Wesen gemeint, die derzeit nicht in einem materiellen Körper leben. Sie haben oft den Vorteil, dass sie einen gewissen Überblick und ein größeres Bewusstseinsfeld haben als verkörperte Lebewesen. Sie können uns gute Lehrer, Führer und Helfer sein, wobei sie uns oft auffordern, uns selbst zu entwickeln.

Aufgestiegene Meister

Aufgestiegene Meister können uns
wertvolle Lehrmeister sein.

Aufgestiegene Meister sind unverkörperte Geistwesen, die einen großen Entwicklungsweg hinter sich haben, bereits einmal oder mehrfach inkarniert waren, ihre Aufgaben gelöst, sich spirituell weit entwickelt haben und oftmals aus Liebe zu den Menschen beschließen, auf der geistigen Ebene weiter für die Menschheit da zu sein. Oftmals wirken sie mit bestimmten Lichtenergien gezielt für einzelne Lebensbereiche und Lebensaufgaben. Sie sind sehr klar, aufrichtig und ehrlich und können uns zu großartigen Entwicklungen vorantreiben. Auf der anderen Seite fordern sie von uns für diese Entwicklung auch ein gewisses Maß an Mut, Disziplin und Ehrlichkeit zu uns selbst. Da sie die Entwicklungen, in die sie uns begleiten, oft selbst gelebt und erfahren haben, können sie uns großartig führen und dabei auch unseren Standpunkt und unsere Gefühle als Mensch verstehen.

Aufgestiegene Meister, die bereits in ihren Inkarnationen bekannt wurden, sind zum Beispiel Jesus Sananda, Konfuzius und Buddha, der als Aufgestiegener Meister unter dem Namen Maitreya bekannt ist. Man braucht ein gewisses spirituelles Bewusstsein und ein höheres energetisches Niveau, um mit ihnen zu kommunizieren – um Unterstützung bitten kann man jedoch jederzeit. Aufgestiegene Meister verbinden uns besonders gern mit unserem höheren Seelenplan und legen großen Wert auf die Achtung des freien Willens und die bewusste Entwicklung ihrer Schützlinge.

Engel

Jeder Mensch hat einen Engel an seiner Seite.

Engel sind dem höheren Göttlichen dienende Lichtwesen, die nicht inkarniert sind. Sie fliegen in der Regel nicht nackt und mit weißen Flügeln bestückt um uns herum, sondern sind farbig leuchtende Lichtgestalten oder Lichtformen. Um uns vertrauter zu erscheinen, zeigen sie sich oft in leuchtender, menschenähnlicher Gestalt. Ihre Aufgabe ist es, die Lebewesen zu schützen, zu heilen, zu unterstützen, zu inspirieren und mit dem Göttlichen zu verbinden, wo sie nur können. Auch Engel müssen den freien Willen achten und helfen jedem, der sie darum bittet und der seine lichtvollen Seiten leben will. Sie haben keine menschlichen Inkarnationserfahrungen und das macht ihre Hilfe manchmal etwas unverständlich oder unpraktisch. In ihren Energien sind sie meist sanft und liebevoll unterstützend.

Es gibt höhere und niedere Engelhierarchien. Besonders bekannt und beliebt sind die Erzengel. Eine weitere Engelgruppe, die sehr beliebt ist, sind die Schutzengel. Jeder Mensch hat mindestens einen Schutzengel und ist meistens zumindest unbewusst bereits in Dankbarkeit mit ihm verbunden. Der Schutzengel freut sich sehr, wenn er beachtet wird. Du kannst ihn gern am Morgen, wenn du aufstehst, begrüßen oder dich am Abend bei ihm für den Schutz am Tag bedanken. Schutzengel versuchen oft, über die Intuition mit ihren Schützlingen zu kommunizieren, sie können aber auch Botschaften übermitteln. Schutzengel stehen gewöhnlich in der Hierarchie der Geistwesen nicht so hoch, dass sie Zugang zum grenzenlosen Wissen hätten. Sie haben jedoch eine ganz eigene Bindung und eine besondere persönliche Fürsorge für ihren Schützling, den sie anleiten und glücklich sehen wollen. Sie stärken unseren Instinkt und geben sich die größte Mühe, uns vor Unheil zu bewahren.

Götter

Von den Stärken und Mächten der Götter berichten
bereits die Mythen und heiligen Schriften.

Götter sind in eine bestimmte Mythologie eingebundene Wesen mit starken Persönlichkeitsanteilen. Während Engel unpersönlich sind und ausschließlich dem Höheren dienen, haben Götter nahezu menschliche Eigenschaften und einen eigenen Willen. Entsprechend ihrer Aufgaben und Eigenschaften können sie uns unterstützen und uns Rat geben. Es gibt männliche, weibliche und androgyne Götterwesen. Wenn dich eine bestimmte Gottheit anzieht, sei neugierig und finde heraus, was sie dir zu sagen hat. Vielleicht kommen dir ihre Charakterzüge oder ihre Aufgaben bekannt vor, vielleicht kannst du deinen derzeitigen Weg in ihrem finden. Vom Kleinen zum Großen kann man die Götter in etwa als Eigenschaften des göttlich weiblichen und des göttlich männlichen Prinzips betrachten. Jede Eigenschaft, die du als Frau oder als Mann in dir trägst, kannst du auch in höher ausgeprägter Form in den Göttern und ihren Geschichten wiederfinden. Daher können sie dich viel über diese Eigenschaften lehren oder dir diese nahebringen. Wenn ich in meinen Göttinnenchannelings mit der Großen Göttin spreche, dann spreche ich mit dem weiblich Göttlichen, das in allen Göttinnen, jeder Frau und auch anteilig in jedem Mann ist. Das hat nichts damit zu tun, dass es die allerhöchste Göttin sein muss. Es ist einfach die Mutter, die uns alle trägt, nährt und umgibt und die in jeder Frau steckt.

Ich bin vor vielen Jahren aufgefordert worden, den Weg mit ihr zu gehen, weil ich zunächst zu stark den männlichen Weg beschritten hatte. Ich hatte anfangs Schwierigkeiten zu akzeptieren, dass ich sie empfangen sollte, weil ich bis dahin hauptsächlich männliche Geistwesen kennengelernt hatte. Und ganz offensichtlich hatte ich zu diesem Zeitpunkt auch noch nicht die Stärken des Weiblichen erkannt, die in unserer Gesellschaft immer noch etwas verborgen sind. Es gibt zwar immer mehr erfolgreiche Frauen, aber oftmals leben sie, ohne es zu bemerken, ihre männliche Energie stärker als ihre Weiblichkeit.

Es hat sich sehr schnell herausgestellt, dass die Liebe und die Weisheit der Göttin, die manches Mal so einfach und doch so wahr erscheint, sehr heilsam für viele Menschen ist. Inzwischen bin ich froh, wenn ich mich in ihre Arme fallen lassen kann, und bekomme sehr viele bewegende Rückmeldungen von meinen Teilnehmern. Ich danke der Göttin für ihre liebende Energie und den Weg, den sie mich lehrt!

Sternenwesen

Sternenwesen suchen Kontakt aus dem All.

Sternenwesen sind Wesen, die sich direkt aus dem Kosmos melden. Häufig stellen sie sich als einem Planeten zugehörig vor. Bekannt sind vor allem Sternenwesen von den Plejaden, vom Sirius, vom Orion oder der Venus, aber auch raumfahrende Wesen wie zum Beispiel Ashtar Sheran. Oftmals bezeichnen sie sich als unsere Brüder und Schwestern und sind bestrebt, uns ihre Weisheiten zu übermitteln. Besonders im Bereich der medialen Übertragungen mit Sternenwesen gibt es leider viel Humbug und Panikmache. Lass dich davon möglichst nicht mitreißen und achte darauf, ob die Botschaften, die du kennst, tatsächlich stimmig für dich sind! Ich habe die Sternenwesen unter den unverkörperten Wesen aufgeführt, weil ich bisher noch von keinem einen Körper berührt habe. Vermutlich liege ich mit dieser Einordnung nicht ganz richtig. Doch auf der feinstofflichen Ebene, in der ich sie bisher wahrnehme, kann ich nicht einordnen, ob das, was ich sehe, ihre tatsächliche körperliche Form ist. Einige von ihnen mag ich persönlich ganz gern. Doch in den meisten Fällen muss ich gestehen, dass es mir nicht ganz leichtfällt, mich auf sie einzulassen. Ich bin kein Star-Trek-Fan und tue mir sehr schwer mit Wesen, die mir zur Begrüßung sagen, sie seien aus irgendeinem Quadranten. Da sperrt sich mein Verstand dann doch ... Aber vielleicht fühlst du dich genau richtig und geborgen im Kontakt mit Sternenwesen, und darum wollte ich sie hier nicht unerwähnt lassen.

Verstorbene

Einige Seelen bleiben noch lange nach ihrem Tod
in der Nähe ihrer Angehörigen.

Das Wesen und der Geist eines Menschen lösen sich nicht einfach nach dem Ableben des Körpers in nichts auf. Wir sind alle unsterbliche Seelen, die immer wieder andere Möglichkeiten suchen, um uns selbst ausdrücken und erfahren zu können. Wir tun dies zum Beispiel, indem wir uns verkörpern und ein Erdenleben als Mensch wählen. Doch wenn wir unseren Körper verlassen, sind wir deswegen nicht einfach weg. In unseren Breitengraden ist das Thema Tod und Leben nach dem Tod nicht sehr populär. Obwohl es inzwischen interessante Literatur dazu gibt, die auf Erfahrungen von Menschen mit Nahtoderlebnissen oder Erinnerungen wiedergeborener Menschen basiert, wird dieses Thema eher gemieden. So kommt es, dass ich in meiner Arbeit als Medium immer wieder orientierungslose Geister erlebe, die nicht verstehen, was gerade mit ihnen passiert, und die nicht begreifen wollen, dass sie tot sind, weil sie sich doch schließlich noch selbst wahrnehmen können.

Ich habe einmal einen Jenseitskontakt für einen Bekannten eines Freundes gemacht, der immer wieder Albträume hatte, aus denen er schweißgebadet erwachte, weil seine verstorbene Mutter ihn regelmäßig aufsuchte. Ich bekam zunächst Bilder und sah ihn im Alter von etwa zehn Jahren mit einem Ball spielen. Seine Mutter war voller Liebe zu ihrem Sohn, den sie immer wieder liebevoll als ihren "kleinen Jungen" betitelte. Sie begriff nicht, dass er inzwischen ein erwachsener Mann war, der sein Leben leben wollte, und dass sie gestorben war. Ich erklärte ihr, dass er mittlerweile über vierzig Jahre alt ist und ihn die Kontaktaufnahmen ängstigen und verwirren. Zunächst hatte diese liebe Frau noch Schwierigkeiten zu akzeptieren, dass sie sich nur im Traum mit ihm traf und vor mehreren Jahren gestorben war. Schließlich konnte sie meine Worte aber doch annehmen, denn sie wollte nur das Beste für ihren Sohn. Wir besprachen, dass sie ihn noch einmal besuchen sollte und entscheiden müsste, ob es nicht langsam Zeit für sie sei zu gehen. Seit diesem Zeitpunkt hatte er keine Albträume mehr.

Diese Frau hatte ihren Sohn nur schwer loslassen können. Aber auch anders herum bestehen Bindungen. Manch eine verstorbene Seele spürt zum Beispiel, dass sie noch gebraucht wird, weil trauernde Angehörige sie nicht loslassen, und beschließt deshalb, noch in deren Nähe zu bleiben. Einigen Seelen fällt es aus anderen Gründen schwer loszulassen, besonders dann, wenn sie materiell sehr verhaftet waren. Und wieder andere haben noch persönliche Themen zu klären, die sie nicht loslassen können.

Die Gründe, warum einige Verstorbene sich manches Mal noch lange in unserer Nähe aufhalten, sind also verschieden, doch nach einiger Zeit bewegen wir uns nach dem Ablegen unseres Körpers wieder in Richtung unserer grenzenlosen Seele. Stück für Stück lösen sich Erfahrungen und psychische Strukturen auf. Wir gehen wieder in unsere Grenzenlosigkeit und in die Obhut unserer Seelenfamilie ein. Es ist ein sehr freudvolles und lichtvolles Erleben und wird so auch von Menschen mit Nahtoderfahrungen beschrieben. Ich bezeichne es gern als Heimkehr.

Bis zu diesem Zeitpunkt ist es mir persönlich noch möglich, Kontakt mit der Persönlichkeit des Verstorbenen aufzunehmen, dessen Selbstbild kurz nach dem Tod noch sehr stark ist und dem entspricht, was wir von diesem Menschen auch zu Lebzeiten kannten. Bis hierhin entsprechen die geäußerten Sorgen, Vorlieben und Redewendungen noch sehr der Person, die wir kannten. Bei mir ist es so, dass, je weiter die Seele ins Licht geht, ich zwar noch Kontakt herstellen könnte, dieser jedoch mehr mit dem Lichtwesen stattfindet, das uns liebt, aber nicht mehr so sehr mit dem Menschen, den wir kannten. Es gibt Medien, die erst nach einem Jahr einen Jenseitskontakt herstellen, um den Loslösungsprozess nicht zu stören. Bei mir passiert das eher, wenn es noch frisch ist, je nachdem wie erdgebunden die Seele noch ist. Und jedes Mal habe ich das Gefühl, dass es der Seele beim Loslassen hilft, wenn sie sich noch einmal mitteilen kann und die ungeklärten Dinge übermittelt und geklärt werden können. Es gibt wie gesagt auch viele Seelen, die nicht sehr schnell loslassen oder es sich zur Aufgabe machen, bei ihren hinterbliebenen Angehörigen zu verweilen und sie zu unterstützen und zu schützen. Diese Seelen behalten ihr Persönlichkeitsprofil über Jahre hinweg bei, und ich kann ihre Anliegen länger auch genau so übermitteln.

In der Regel haben die Verstorbenen ein bestimmtes Bild von sich, wie sie sich ideal wahrnehmen. Das ist das Bild, das sie mir zeigen. Es kann durchaus auch ein paar Jahre jünger aussehen, es ist schließlich ihr Idealbild von sich. Wenn ich ein Bild wahrnehme, dann bekomme ich es immer als zutreffend von meinem Klienten bestätigt. Manche Verstorbenen zeigen auch Symbole, um auf etwas aufmerksam zu machen, und bei nahezu jedem Jenseitskontakt, den ich bisher hatte, wurden Dinge angesprochen, die man zu Lebzeiten noch gern gesagt oder getan hätte. So erlebe ich Jenseitskontakte als emotional sehr berührend. In diesen Momenten erinnere ich mich an die Kostbarkeit des Lebens und daran, dass nicht alles selbstverständlich ist und oft nicht jede Umarmung in jedem Moment gelebt werden kann. Wir verbringen so viel Zeit damit, uns Sorgen zu machen oder an Kleinigkeiten festzuhalten ... Durch die Jenseitskontakte werde ich immer wieder auf wertvolle Weise daran erinnert, wie kostbar die Augenblicke der Nähe sind, die wir miteinander teilen können – dass sie nicht selbstverständlich sind und mit Dankbarkeit angenommen werden sollten.

Geistführer

Ein Geistführer ist ein Freund und Begleiter, der dich auf
deinem Lebensweg unterstützt.

Während Schutzengel hauptsächlich dafür da sind, uns zu beschützen und uns der göttlichen Liebe näher zu bringen, sind
Geistführer eher so etwas wie unsere persönlichen Lehrer. Sie fördern uns sowohl spirituell als auch charakterlich und begleiten
uns entlang unseres Lebensweges. Ein Geistführer ist also ein
Geistwesen, das dich an die Hand nimmt und lehrt und leitet,
wenn du darum bittest. Auch er wird nicht ungefragt in deine
Entscheidungen eingreifen und hat deinen freien Willen zu respektieren.

Es besteht immer eine persönliche Beziehung zwischen deinem
Geistführer und dir. Häufig existiert eure Verbundenheit bereits
seit früheren Leben, in denen er entweder ein Mensch oder eben
auch dein Geistführer war, denn es ist durchaus möglich, einen
Geistführer über mehrere Leben hinweg bei sich zu haben. Wenn
du ihn spürst, kann es sein, dass du das Gefühl hast, er möchte
bei dir sein, weil er dich kennt und will, dass es dir gut geht. Er
beobachtet und begleitet dich von Anfang an, beginnend bei
deiner Entscheidung, dich zu inkarnieren. Dein Geistführer ist
eingeweiht in deine Aufgabe und wacht über deinen Weg. Er
kennt dich und deinen Lebensplan vom ersten Tag deines Lebens
an. Er hat eine besondere Verbindung zu dir, entweder resultierend
aus einem Versprechen auf der geistigen Ebene oder einfach weil
er dich besonders mag.

Es ist möglich, mehrere Geistführer und Gefährten zu haben,
die dich durch dein Leben begleiten. Besonders wenn du eine alte
Seele bist, die schon oft inkarniert ist, kann es sehr wahrscheinlich
sein, dass du den einen oder anderen Freund und Gefährten
als geistigen Begleiter wieder anziehst. Geistführer zeigen sich in

Menschengestalt und machen gern auch über Symbole und andere Erkennungszeichen auf sich aufmerksam. Ihre Identität ist deutlich als männlich oder weiblich erkennbar und sie sind eng mit unserer Lebensaufgabe und unseren Lebensthemen verbunden. Ihre Fähigkeiten und Stärken spiegeln sich in deinen Lebensthemen. Wenn du spirituell arbeiten sollst, wirst du einen Lehrer anziehen, der dich darin schult, deine spirituellen Fähigkeiten zu entfalten, wenn du Künstler bist, ziehst du einen entsprechenden Geistführer an, wenn du heilend tätig bist, ist vielleicht ein alter Medizinmann oder Heiler dein Begleiter. In der Regel kann man sagen, dass Geistführer dich zwar in geistiger Gestalt begleiten, sie aber mindestens eine irdische Inkarnation hinter sich gebracht haben, in der sie ihre Fähigkeiten erlernt und verfeinert haben oder in der sie einen persönlichen Kontakt und Bezug zu dir aufgebaut haben.

Es ist auch möglich, dass dich verstorbene Angehörige unterstützend begleiten. Ihre Qualität bewegt sich etwa mittig zwischen den Aufgaben des Schutzengels und denen des Geistführers. Auch weitere geistige Freunde kannst du um dich haben, sogar verstorbene Haustiere können ihrem Besitzer noch nach dem Tod zur Seite stehen. Sie erreichen dabei jedoch nicht die Position eines Geistführers.

Mit deinem Geistführer hast du also im Großen und Ganzen einen Freund und Ratgeber an deiner Seite, der dich bei der Verwirklichung deines Lebensplanes unterstützen will. Nutze den Kontakt zu ihm!

Naturgeister und andere

Devas, Steingeister und Geister eines Ortes

Alles in der Natur ist beseelt.

Alles Leben in unserer Welt ist beseelt. Und so wie wir Menschen Schutzengel und Begleiter haben, so können auch Pflanzen, Steine oder Orte begleitende Geistwesen bei sich haben. Im alten Indien wurden die Begleiter von Pflanzen Arupadevas genannt, bei uns werden sie oft kurz als Devas bezeichnet. Die Pflanzendevas sind so etwas wie die Hüter der Pflanze. Sie achten darauf, dass sie gut wächst, und können sehr wütend und traurig werden, wenn ihre Pflanze beschädigt oder gar gefällt wird. Pflanzendevas sind für die Pflanzen fast wie das Höhere Selbst für uns Menschen. Sie strahlen über die Pflanze hinaus wie eine große Aura, und wir können sie spüren, wenn wir uns darauf einlassen. Hast du einmal die besondere Atmosphäre in einem Hain oder Wald wahrgenommen? Manch einer empfindet sie als etwas unheimlich, sobald die Dunkelheit naht, denn dann sind die Pflanzengeister für uns noch deutlicher spürbar. Bestimmt hast du schon einmal in einem alten knorrigen Baum ein Gesicht erkannt und das Gefühl gehabt, ein altes Baumwesen schaut dich an. Erinnerst du dich daran? Als kleines Kind sollte ich einmal einen Wald malen. Auf meinem Bild hatten alle Bäume Gesichter. Meine Grundschullehrerin war verwundert, wie ich darauf kam. Doch für mich war es ganz normal.

Auch uralte Steingeister existieren auf unserer Erde. Wenn du dich im Gebirge oder bei einer anderen natürlich entstandenen Gesteinsformation aufhältst, ist es möglich, dass du, wenn du gerade vor dich hinträumst, Gesichter in den Steinen erkennen kannst. Meistens bekommt man dabei ein etwas seltsames oder beklemmendes Gefühl. Viele Menschen neigen dann entsprechend ihrer Erziehung oder ihrer Vorstellungen dazu, dies als Phantasie abzutun.

Auch Orte können ihre ganz eigenen Geister bei sich haben. Sie können sich als ungemütlich zeigen, wenn dein Aufenthalt nicht erwünscht ist. Es kann sein, dass du dann plötzlich ein unangenehmes Gefühl bekommst und den Ort lieber wieder verlassen willst, weil du dich dort nicht wohlfühlst. Schamanen und Naturmagier begrüßen die Geister des Ortes, wenn sie sich in der Natur einen Platz für ihre Tätigkeiten suchen. Oder sie bringen ihnen kleine Opfergaben dar, um sie zu besänftigen. Es ist spürbar, wenn die Ortsgeister dich willkommen heißen. Vielleicht fühlst du eine sanfte Berührung oder ein Rascheln in einem Baum, obwohl es eigentlich windstill ist. Oder ein Gefühl der Bezauberung beflügelt dich – dann kannst du sicher davon ausgehen, dass du willkommen bist.

Elementargeister

Wir sind tief verbunden mit den Elementen dieser Erde.

Die Geister der Elemente Feuer, Wasser, Erde und Luft können sich uns ebenso zeigen. Eine Kerzenflamme kann auflodern, wenn du dich mit einem Feuergeist in Kontakt bringst. Der Wassergeist eines kleinen Teiches kann sich dir zeigen, indem er eine kleine Welle aufkommen lässt. Windgeister können mit dir spielen und dir durchs Haar streifen. Erdgeister können dich in heilsame Ruhe einhüllen. Es gibt unzählige Geschichten über die Geister der Elemente in vielen Kulturen der Welt. Glaubst du wirklich, sie seien alle grundlos erfunden worden?

Da wir alle Qualitäten der vier Elemente auch in uns tragen, kann es durchaus Sinn für uns machen, uns von den Elementargeistern über ihr Element aufklären zu lassen. Wir können die Stabilität der Erde erlernen, unsere Leidenschaften und unsere Kreativität durch das Feuer entfachen, unsere Gefühle und Intuition durch das Wasser erspüren und unsere Gedanken frei werden lassen durch die Qualität der Luft. Ist dir schon einmal aufgefallen, dass Autofahrer an feurig-heißen Tagen ein besonders leidenschaftliches Fahrverhalten an den Tag legen? Ich meide an diesen Tagen den Stadtverkehr. Oder hast du bemerkt, dass man an verregneten Tagen eher dazu neigt, traurig zu sein? Hast du schon einmal das befreiende Gefühl des Windes in deiner Aura genossen oder dich erschöpft auf der Suche nach Regeneration auf die Erde gelegt? Ich denke schon. Wenn nicht, dann wird es höchste Zeit!

Elfen, Feen und Kobolde

Lass dich bezaubern von sagenumwobenen Wesen!

Elfen, Feen und Kobolde sind Geistwesen, die stark an die Natur gebunden sind. Viele Märchen und Sagen berichten von ihnen. In der irischen Mythologie wird von einem ganzen Elfenvolk berichtet, das sich in die Anderswelt zurückgezogen hat – den Tuatha Dé Danaan. Als Kinder haben die meisten Menschen noch einen ungezwungenen Zugang zu ihrer Welt, doch später vergessen sie oft ihre kleinen Freunde.

Meist sind Feen die kleinen fröhlichen Geschöpfe, die mit den Kindern oder Tieren spielen und um Blumen und Springbrunnen flattern. Feen sind sehr fröhlich und verspielt. Meine erste Begegnung mit ihnen war sehr überraschend. Ich ging dafür an einen besonderen Ort in der Natur, legte mich auf eine Wiese und begab mich in einen meditativen und tranceoffenen Zustand. Dann wartete ich, ob mich eine Botschaft erreicht. Doch nichts geschah. Plötzlich hörte ich ein lautstarkes Quietschen unter meinem Ohr. Ich richtete mich auf und sah nach, ob sich dort Mäuse oder anderes Getier im Gras befanden. Aber da war nichts, nur als ich mich wieder hinlegte, begann das fröhliche Quietschen erneut. Nach einer ganzen Weile verstand ich, dass es die Feen waren, die sich mir auf diese Weise zeigten. Ich fühlte mich äußerst fröhlich und beschwingt mit diesem Kontakt, den ich ganz anders erwartet hatte. Die Begegnung mit diesen kleinen Wesen kann dich sehr erheitern und beflügeln. Probiere es aus! Suche dir ein bezauberndes Plätzchen in der Natur und bitte um Kontakt mit ihnen oder lade sie mit einem schönen Gärtchen oder einem verspielten Springbrunnen ein, in deiner Nähe zu sein!

Elfen sind größer als Feen und weniger verspielt. Sie haben etwas Erhabenes und Anmutiges an sich und sind in ihrer Gestalt sehr feingliedrig. Sie können künstlerisch und heilend wirken und überwachen oft die natürlichen Abläufe des Wachstums und Erntens. Sie sind sehr traurig, dass sie so sehr in Vergessenheit geraten sind. Genauso stimmt es sie traurig, wenn sie sehen, wie wir Menschen mit uns selbst und der Natur umgehen. Sie können uns inspirieren und Heilung schenken und uns gute Freunde sein, wenn wir es wollen.

Auch von Kobolden wird bereits lange Zeit berichtet. Sie treiben ihren Schabernack mit den Menschen und machen auf sich aufmerksam, indem sie hier und dort auf etwas klopfen, etwas knacken oder umfallen lassen und sogar kleine Gegenstände verschwinden lassen. Meist sieht man sie mit verschmitzten Gesichtern und einer spitzen oder besonders runden Nase.

Sicher hört sich das alles jetzt ein wenig wie ein Auszug aus einem Märchenbuch an. Aber bedenken wir eines: Manchmal geben wir uns solche Mühe, erwachsen und vernünftig zu sein, dass wir uns die freudvollen Begegnungen mit liebevollen Geistwesen untersagen. Ich denke, wir sollten uns nicht aufgrund unserer verstandesgeprägten Umwelt die Möglichkeiten und den Zauber der Anderswelt entgehen lassen, die unser inneres Kind wieder zum Lachen bringen können. Entscheide selbst, wie weit du dich öffnest! Auch wenn du diese Wesen vielleicht noch nicht sehen oder hören kannst – die Begegnung mit ihnen hinterlässt dennoch ein Gefühl des Zaubers in dir.

Elementale und Gedankenformen

Starke Energien verbleiben oft im Raum.

Elementale und Gedankenformen entstehen aus einer Konzentration von Energien. Sie können rituell erzeugt werden oder verbleiben als Rest einer starken emotionsgeladenen Begebenheit im Raum. Auch ein Gefühl wie Angst kann diese Form annehmen. Ich würde aufgrund ihrer niederen Struktur nicht unbedingt empfehlen, Elementale zu empfangen. Dennoch ist es bei der medialen Arbeit gut zu wissen, dass es sie gibt.

Ich kenne Medien, die mit solchen Projektionen kommunizieren und sie dabei oft für mehr halten, als sie tatsächlich sind. Ich hatte einmal eine Bekannte, die sich so sehr nach einem Partner sehnte, dass sie eine Energieform erschuf, mit der sie kommunizierte und die sie für ihren zukünftigen Seelenpartner hielt. Ich konnte die Energieform sehen. Aber mir war bewusst, dass es nicht ihr Seelenpartner war, mit dem sie sich verabredete. Ich gehe davon aus, dass sie das spätestens dann, als zu den "empfangenen" Terminen jedes Mal keiner erschien, auch aufgefallen ist. Sie war noch lange Single.

Über die Unterscheidung von hohen und niederen Wesen, von nützlichen und weniger nützlichen Informationen sowie über die Frage danach, ob wir es mit einer Durchgabe oder unserer Phantasie zu tun haben, kannst du in den Kapiteln "Durchsage oder Phantasie?" (Seite 229 ff.) und "Wie unterscheidet man hohe von niederen Wesen, nützliche von schadhaften Informationen?" (Seite 232 ff.) mehr lesen. Jetzt möchte ich zu den verkörperten Wesen kommen.

Verkörperte Wesen

**Es sind nicht nur die Geistwesen, die zu uns
sprechen. Alles, was Seele hat, spricht.**

Mit dem Begriff verkörperte Wesen bezeichnet man alle in einem Körper lebenden Wesen wie Menschen, Tiere, Pflanzen und Steine. Sie alle sind beseelt, haben eine Aura und können Schwingungen und Informationen aussenden. Ihr Bewusstsein bewegt sich sehr nah am körperlich-materiellen Leben und den daraus resultierenden Erfahrungen. Das ist sehr wichtig für das alltägliche Leben, kann aber auch einschränkend sein. Verkörperte Wesen sind mit dem höheren Bewusstsein zwar verbunden, aber sie leben in der Regel nicht in einem permanenten Zugang zu diesem Bewusstsein. Daher ist die Reichweite und Informationsfülle bei der Kommunikation mit verkörperten Wesen ein wenig begrenzter, als dies mit unverkörperten Wesen der Fall ist.

Menschen
**Wir Menschen sind genauso zur Medialität fähig
wie jedes andere beseelte Wesen.**

Zwischenmenschliche Medialität
Menschen empfangen und senden unentwegt. Nur ist uns das nicht immer bewusst – und das muss es auch nicht. Tausende

Reize verarbeiten wir in der Sekunde. Wir müssen daher nach Wichtigkeit für unser Leben aus diesen auswählen. Dennoch sind die Reize da. Wenn wir etwas mehr Ruhe haben oder wenn einer der Reize aktuell gerade an Wichtigkeit für uns gewinnt, können wir durchaus mehr wahrnehmen und empfangen, als uns der normale Alltagsstress zugesteht. Angefangen davon, dass wir spüren können, wenn andere Menschen an uns denken, wie diese gerade zu uns stehen oder wie es ihnen geht, bis hin zu Visionen und Eingebungen, die uns miteinander verbinden. Ich habe bereits im Kapitel über das Hellfühlen einiges dazu geschrieben. Dazu kommt die telepathische Verbindung, die es uns ermöglicht, auf medialem Weg untereinander zu kommunizieren, siehe auch das Kapitel Telepathie (Seite 52 ff.). All diese medialen Möglichkeiten geben uns die Chance, das Gefühl der Verbundenheit unabhängig von zeitlichen und örtlichen Abständen zu erleben. Sie geben uns Halt und lassen uns Seelennähe über weite Entfernungen hin spüren.

Kontakt auf der Seelenebene

Daneben gibt es die Seelenebene, auf der man Kontakt zu einem anderen Menschen aufnehmen kann, sofern er nichts dagegen hat. Diese Ebene liegt außerhalb von Zeit und Raum und ermöglicht es uns, aktuelle und auch vergangene Situationen zu verstehen, zu klären und aufzulösen. Auf dieser Ebene kann man jemandem verzeihen und ungeklärte Situationen aufklären und lösen, unabhängig davon ob man in der Alltagswirklichkeit die Chance hat, persönlich mit dem betreffenden Menschen zu sprechen.

Ich habe bereits mehrfach erlebt und beobachten können, wie sich auf diese Weise zum Beispiel Familienthemen klären ließen, über die nie gesprochen wurde, oder Verletzungen geheilt und Schuldgefühle aufgelöst werden konnten, indem man auf der Seelenebene um Vergebung bat oder auch das mentale Gespräch suchte, um sein Gegenüber besser zu verstehen. Voraussetzung ist natürlich, dass die Person nichts dagegen hat, wenn du sie kontaktierst. Du solltest den Kontakt zu dieser Ebene möglichst nur in reiner Absicht suchen, doch dann kann er sehr heilsam für alle Beteiligten sein.

Mentale Übergriffe

Viele Menschen neigen zu mentalen Übergriffen und versuchen, anderen etwas zu suggerieren. Ich empfinde das als einen Eingriff in den freien Willen und rate von solchen Bestrebungen ab. Man sollte keinen anderen Menschen manipulieren wollen. Jeder Mensch hat selbst das Recht zu bestimmen, was er denken und tun will sowie wen er lieben möchte. Bitte achte darauf! Auch wenn du glaubst, es sei gut gemeint, und du vielleicht nur helfen willst – es steht dir nicht zu!

Ich habe so oft beobachtet, wie besonders Frauen gern rosafarbene Energiekügelchen an ihre Herzensmänner sendeten, damit diese auftauen, oder andere Mitmenschen in Energie und Glaubenssätze einhüllten, um die sie gar nicht gebeten hatten. Lass bitte die Finger davon! Letztendlich ist es ein manipulativer Eingriff, sogenannte schwarze Magie, egal ob ihr dem anderen dabei etwas Gutes oder Schlechtes sendet.

Und leider gibt es auch schwarz-manipulative Menschen, die anderen Gedanken der Lieblosigkeit, der Angst, der Nutzlosigkeit oder der Verzweiflung eingeben. Schütze dich davor, indem du deine Aura intakt hältst und dich selbst so gut kennenlernst, dass du solche Informationen nicht als deine eigenen annimmst und aussortieren kannst!

Kontakt mit dem eigenen Selbst

Der Kontakt mit den eigenen Seelenanteilen und den Anteilen des eigenen Selbst ist meiner Meinung nach besonders wichtig für uns. Nicht nur damit wir uns selbst besser kennenlernen und wahrnehmen können, sondern auch, wie es mir in meiner Arbeit als Heilpraktikerin für Psychotherapie immer wieder auffällt, weil Anteile unseres Selbst dazu neigen, sich umso mehr zu verselbstständigen und nach Möglichkeiten zu suchen, um auf sich aufmerksam zu machen, je weniger sie beachtet werden. Das kann dann durchaus auch unangenehm werden und man kann dadurch unbewusst Situationen anziehen, die einen dazu zwingen, die Botschaft des vernachlässigten Anteils zu verstehen.

So neigt ein verletztes inneres Kind, das sich ungeliebt fühlt, dazu, Situationen anzuziehen, in denen du dich ungeliebt fühlen wirst, eben damit du es beachtest. Das kann so lange andauern, bis dein inneres Kind endlich von dir beachtet, geliebt und beschützt wird. Viele meiner Anrufer übersehen das ganz gern und wünschen sich immer wieder einen neuen Partner, der sie dann hoffentlich dieses Mal mehr lieben und weniger verletzen wird, bis sie sich dann irgendwann endlich besser beschützen und zu sich stehen. Oft wird der Kontakt zu den Anteilen des eigenen Selbst als Arbeit empfunden, die man nicht machen will. Das ist schade, denn auch die verletzlichen, sich ungeliebt fühlenden Anteile unseres Selbst gehören zu uns. Und wenn wir selbst ihnen schon nicht zuhören wollen, wie können wir dann erwarten, dass andere uns unsere Bedürfnisse erfüllen? Unser inneres Kind weiß, was wir mögen und was uns Freude bereitet. Es kann Leichtigkeit und Lebensfreude in unser Leben ziehen, wenn wir es nicht vernachlässigen oder uns aus Angst vor Verletzung so sehr schützen wollen, dass wir trotz Partnerwunsch lange mit unsichtbaren Schutzmauern durchs Leben gehen.

Es kann aber auch erfrischende und lustige Situationen anziehen. Vor einigen Tagen rief mich zum Beispiel eine Kundin an, deren inneres Kind ihr derzeit immer wieder Streiche spielte. Ihr inneres Kind war der Meinung, dass sie viel zu ernst und streng mit sich sei, und brachte sie nun in viele ulkige Situationen. Auch solche

Dinge geschehen. Unsere inneren Anteile machen ein Stück von uns selbst aus. Wir sollten sie hin und wieder beachten und erhören! Ein anderes Beispiel erzählt die Geschichte einer Freundin, die dazu erzogen wurde, immer nett und sachte in ihren Reaktionen zu bleiben. Sie bekam eines Tages regelrecht kleine Hörner auf ihrer Stirn, weil ihre wilde Frau sich endlich einmal ausleben wollte. Kein Hautarzt konnte ihr helfen – aber sie selbst konnte es.

Wir können mit dem inneren Kind, der erwachsenen Frau oder dem erwachsenen Mann in uns, unserem Höheren Selbst oder auch Anteilen früherer Inkarnationen, die wir noch in uns tragen, Kontakt aufnehmen und dabei so manche Verhaltensweise und Charaktereigenschaft von uns besser verstehen. Unser Höheres Selbst ist der Anteil in uns, der den besten Überblick hat und uns gemäß unseres Seelenplanes im Leben führen kann. Es ist der Teil von uns, den viele als ihre innere Stimme wahrnehmen. Dieser Seelenanteil hilft uns, Lösungen zu finden, und ist immer bestrebt, uns entsprechend unserer inneren Größe aufzubauen. Er leitet und unterstützt uns bei der Verwirklichung unseres Lebensplans und unserer Träume.

All das ist möglich und hilft uns dabei, uns nicht unentwegt unbewusst selbst zu sabotieren, zu uns zu stehen, alte Muster und Wunden zu heilen und unseren Weg zu meistern. Manchmal macht es einfach Sinn, sich an seinen inneren Tisch zu setzen und Familiensitzung zu halten. Und das ist keineswegs schizophren. Im Gegenteil: Schizophrenie tritt eher dann auf, wenn Persönlichkeitsanteile beispielsweise durch Traumata abgespalten wurden oder wenn die eigenen Persönlichkeitsgrenzen vor dem Einfluss anderer Energien und Wesen nicht gewahrt werden können.

Nutze also den heilsamen Kontakt zu dir selbst! Kein anderer weiß so gut wie du selbst, was du willst, was dir fehlt, was du brauchst und wo du hinwillst.

Tiere

Wenn wir uns auf das feine Gespür der Tiere einlassen,
können wir vieles lernen.

Kommunikation mit Tieren

Die Kommunikation mit Tieren ist mittlerweile weit verbreitet und bekannt. Tierkommunikation ist inzwischen sogar ein Berufszweig geworden. Nicht nur aus Gesten und Bewegungen kann gelesen werden, auch medial können Informationen gewonnen werden, die durchaus hilfreich sind. Auf diese Weise kann beispielsweise herausgefunden werden, was ein Tier nicht mag oder warum es sich in manchen Situationen seltsam verhält. Es kann beruhigt werden, wenn es Angst hat, oder sogar lebensrettende Aufmerksamkeit für seinen Freund und Besitzer anziehen. Ebenso kann es ihn zu etwas oder jemandem hinführen.

Mir ist so etwas einmal in Ägypten passiert. Wir machten auf der Rückfahrt unseres Ausfluges noch ein zweites Mal am Dendera-Tempel halt und mussten darauf warten, dass die Kolonne wieder zusammenfindet, um weiterfahren zu können. Drei Männer unserer Gruppe zahlten noch einmal Eintritt, um wieder in den Tempel zu gelangen, während ich mich vor dem Tempel auf einen Stein setzte und entspannte. Da kam ein schwarzer Hund und bedeutete mir, dass ich ihm folgen sollte. Da ich sowieso nichts anderes zu tun hatte, ging ich mit ihm. Ehe ich mich versah, war ich, ohne Eintritt gezahlt zu haben, wieder im Tempel und genoss meinen Aufenthalt. Solche Dinge habe ich schon oft von Hunden gehört. Erst vor einigen Tagen berichtete mir eine Kundin, dass ein Hund ihr den Weg zu ihrer schönen Ferienwohnung gewiesen habe, in der sie gerade weilte. Tiere haben ein großartiges Gespür, von dem wir lernen können, wenn wir uns darauf einlassen.

Es kann auch Hellsichtigkeit unter Tieren vorkommen. Für einen nicht hellsichtigen Menschen, kann dies danach aussehen, als ob das Tier nach unsichtbaren Dingen Ausschau hält, aber ein hellsichtiger Mensch kann sehen, was sein Tier beschäftigt. Besonders Katzen sind für diese Gabe bekannt. Sie haben auch ein Gespür für den Schmerz oder die Krankheiten ihres Besitzers. Oft legen sie sich dann schnurrend auf die betreffenden Körperstellen und schenken uns ihren entspannenden Dienst.

Die mediale Kommunikation mit dem Haustier findet in der Regel auf sehr einfachem Wege statt. Es ist ein gegenseitiges Spüren und Sichverstehen.

Manche Tiere sind besonders stark empfänglich für die mediale Kommunikation und haben ein großes Feingespür. Delphinen, Pferden, einigen Hunderassen und Katzen sagt man dies häufig nach. Ich konnte es auch schon bei Elefanten beobachten. Dazu möchte ich gern eine weitere kleine Geschichte erzählen, die mir passiert ist, als ich im Tierpark war. Ich stand vor dem Gehege der Elefanten, bewunderte ihre Größe und Sanftheit und begrüßte einen der Elefanten auf medialem Wege. Plötzlich kam er geradewegs ganz dicht zum Rand des Geheges auf mich zugelaufen, machte einen Knicks mit dem Vorderbein und verharrte in dieser Position. Wir hielten die mentale Verbindung noch viele Minuten lang aufrecht, während die anderen Tierparkbesucher links und rechts neben mir eifrig ihre Kameras zückten und Fotos machten. Es war ein sehr schönes Gefühl, diese Verbindung zu spüren.

Probiere es selbst aus, indem du dich innerlich auf eine mentale Berührung mit deinem Tier einstellst und ihm ein Gefühl der Begrüßung sendest. Stelle dir dabei vor, wie du das Tier liebevoll begrüßt und ihm deine wohlwollenden Gedanken und Gefühle sendest! Auf die gleiche Weise kannst du auch scheuen Waldtieren signalisieren, dass du keine Gefahr für sie bist, und Ruhe und Frieden ausstrahlen. Versuche es! Es muss nicht immer funktionieren, aber in vielen Fällen kannst du damit großen Erfolg haben.

Krafttiere

Ich habe bisher von der direkten Kommunikation mit Tieren gesprochen. Es ist außerdem möglich, mit dem großen Tiergeist in ihnen zu kommunizieren, dem Krafttier. Sei dabei sehr behutsam, denn das kann für das Tier durchaus auch seltsam oder unangenehm sein. Es ist in etwa so, als würdest du jemandem begegnen, von dem du bemerkst, dass er mit deinem höheren Seelenanteil spricht, aber du weißt dabei nicht, worüber er spricht.

Du kannst Tiergeister darum bitten, dass sie dich etwas von ihrer Weisheit lehren, und es können sehr interessante Antworten für dich folgen. Für den Kontakt mit einem Tiergeisthelfer oder Krafttier brauchst du jedoch kein physisches Tier vor dir zu haben. Es reicht vollkommen aus, wenn du es auf geistigem Wege kontaktierst. Dafür könntest du dann an anderer Stelle seinen Artgenossen mentale Grüße oder Aufmerksamkeit senden, wenn du ihnen begegnest.

Tiere als Zeichen

Es kommt auch vor, dass dir Tiere als Zeichen begegnen. Finde dann heraus, was dieses Zeichen für dich bedeuten könnte. Die persönlich empfundene Botschaft ist immer die wichtigste. Du kannst aber auch recherchieren, für was dieses Tier steht, wenn du dir nicht sicher bist. Ich habe immer Frösche gesehen, wenn ich auf die falschen Männer gestoßen bin. Es fing bei einem Spaziergang mit einem Freund an, bei dem ich mich mit ihm über einen Mann unterhielt, der mich beschäftigte. Da sprang ein Frosch vor meine Füße und blieb dort sitzen. Mein Freund lachte und sagte: "Siehste, ein Frosch!" Das erlebte ich über vier Männer hinweg immer wieder, egal wo ich mich befand. Es war wohl mein persönliches Erkennungszeichen für unpassende Partner. Ich habe nie darauf gehört und mich im Nachhinein jedes Mal doch davon überzeugen müssen, dass ich wohl wieder einmal an einen Frosch-Mann geraten war. Auch bei meinem letzten Frosch-Partner kam ein Frosch, den ich am liebsten nicht sehen wollte. Ich äußerte meine Bedenken gegenüber einem Bekannten, der mir daraufhin einen unanständigen Frosch-Witz erzählte. Ich lachte und verdrängte die Botschaft zusammen mit anderen Visionen und Eingebungen und hoffte, in Zukunft einfach keine Frösche mehr zu sehen, wenn ich gerade über einen Mann nachdenke. Gibt es für dich auch ein Tier mit einer besonderen Botschaft?

Fremde Seelen in Tieren

Es kann in einigen Fällen vorkommen, dass Seelen zum Zweck der Kommunikation kurzzeitig in Tiere eindringen. Auch das habe ich bereits miterlebt. Ein besonderes Erlebnis ist mir immer noch in Erinnerung, obwohl es schon viele Jahre her ist. Ich feierte mit einem Freund ein alkohol- und drogenfreies Silvester auf einem einsamen Berg in der Nähe eines hessischen Dorfes – und plötzlich kam ein Golden Retriever auf geradem Weg in der Nacht zu uns gelaufen. Weit und breit war niemand zu sehen, zu dem er gehören könnte. Mein Freund suchte, ob da irgendwo noch Menschen waren außer uns, aber er fand niemanden. Ich streichelte den Hund, schaute ihm in die Augen und war fasziniert: Ich hatte nicht das Gefühl, einem Hund in die Augen zu sehen. Es folgte eine lange und intensive mediale Verbindung, in der mich viele Botschaften und Gefühle durchströmten. So verging eine lange Zeit. Mein Freund witzelte darüber, dass es ja wieder einmal typisch sei, dass mir mitten in der Nacht auf einem Berg ein Hund zulaufe, und wir gingen wieder zurück in den Ort.

Der Hund war nicht dazu zu bewegen zu gehen. Inzwischen hatte auch mein Freund Gefallen an der besonderen Ausstrahlung des Hundes gefunden. Und da uns der Hund nun folgte und nicht von uns weggehen wollte, beschlossen wir, ihn für den Rest der Nacht bei der Mutter meines Freundes abzugeben. Wir baten sie herauszufinden, wohin der Hund gehöre, um ihn zurückbringen zu können. Als die Nacht vorüber war, war der Hund wieder ein ganz normaler Hund mit seinen treuen Hundeaugen und wurde zu seinem Besitzer gebracht.

Tiere als Boten von Geistwesen

Manchmal geschieht es, dass Geistwesen Tiere schicken, um dich zu begrüßen oder um dir ein Zeichen zu senden, und auch hierzu möchte ich eine kleine Erinnerung mit dir teilen. Als ich für ein paar Tage an der Müritz verweilte und – gerade am Strand liegend – an einem neuen Göttinnenbeitrag für eine Zeitschrift arbeitete, wunderte ich mich auf einmal, was mich so warm an meinem Bein berührte, schließlich war ich allein. Ich hob mein Strandtuch hoch, fand eine nicht gerade kleine Schlange vor und schreckte auf. Einige Urlauber, die das Tier gesehen hatten, räumten daraufhin ihren Platz für die nächsten Tage.

Ich erkundigte mich, um was für eine Schlange es sich gehandelt hatte, und es war eine Ringelnatter gewesen, die angeblich scheu sein soll. Ich war etwas aufgewühlt und dachte, dass das Scheue wohl eher ein Witz war, während die Göttin mir mitteilte, dass sie mich durch die Schlange begrüßen wollte. Ich spürte innerlich ein warmes Willkommensgefühl, war aber trotzdem wenig entzückt.

Tiere, die ebenfalls häufig als Boten fungieren, sind zum Beispiel weiße Tauben, Bienen, Raben und viele andere.

Pflanzen

Pflanzen spüren unsere Zuwendung und
schenken uns heilsame Energien.

Ja, auch Pflanzen sind beseelt und können mit uns kommunizieren. Sie spüren, ob sie liebevoll behandelt werden, und können uns beispielsweise Informationen darüber senden, an welchem Ort sie sich wohlfühlen, ob sie einen größeren Blumentopf brauchen, wann sie gegossen werden wollen und sogar welche Musik sie mögen. Für Skeptiker gibt es inzwischen Tests und Studien über die Auswirkung verschiedener Musikstücke und unterschiedlicher Gefühlszustände, die den Pflanzen entgegengebracht werden.

Öffne dich dafür, Pflanzen zu fühlen! Viele von uns genießen beispielsweise die Ausstrahlung von Bäumen. Und wenn wir uns darauf einlassen, können wir sogar mit ihnen sprechen und wertvolle Ratschläge erhalten. Große Eichen können uns Stärke, Stabilität und Standfestigkeit lehren und feine Birken Sanftmut und Verspieltheit. Jeder Baum und jede Pflanze hat also ihre eigene Qualität, die an uns weitergegeben werden kann. Versuche einmal, die Qualität eines Baumes zu spüren! Begrüße ihn, lehne dich an ihn, bitte ihn, dir seine Botschaft zu übermitteln, und beobachte, was du dann fühlst und welche Empfindungen und Gedanken dir in den Kopf kommen. Probiere es aus, du kannst nur dazugewinnen!

Steine und Edelsteine

Steine tragen eine uralte Geschichte in sich.

Die Botschaft der Steine

Genau wie mit den Pflanzen verhält es sich auch mit Steinen und Edelsteinen. Auch sie haben ihr eigenes Wesen und können ihre Geschichte erzählen. Ich hatte einmal einen Bergkristall, der von seinem Wesen her auffallend kauzig war. Ich habe ihn gereinigt und gereinigt, aber er behielt seine Energie. Ich war verwundert, weil ich das von meinen anderen Bergkristallen gar nicht kannte – aber er blieb knurrig. Eines Tages besuchte mich ein Freund, der ihm, wie ich sagen muss, ein wenig ähnelte. Er ging gleich auf den Kristall zu und ich stellte fest, dass die beiden wunderbar miteinander harmonierten. Schließlich schenkte ich ihm guten Gewissens seinen steinigen Begleiter. Die beiden hatten sich gesucht und gefunden.

Aus der Steinheilkunde sind die allgemeinen Wirkungen von Edelsteinen und Halbedelsteinen bekannt. Doch wichtiger und schöner ist es natürlich, wenn du selbst die Botschaft des Steines für dich erfährst, denn jeder Stein hat seine Botschaft, auch der Kiesel am Wegesrand. Versuche selbst, diese Botschaft für dich zu erspüren, und zögere nicht, wenn du das Gefühl hast, einen Stein aufheben zu wollen und ihn eine Weile mit dir zu tragen. Genau jetzt will er dich möglicherweise begleiten und dir guttun. Wenn du dir einen Edelstein anschaffen möchtest, höre ebenfalls auf dein Gefühl! Der Stein, der zu dir will, wird dich anziehen, du wirst dich zu ihm hingezogen fühlen. Wenn du das erlebst, ist es im Augenblick der richtige Stein für dich, ganz unabhängig davon, was in Büchern über diesen Stein geschrieben steht. Dass er dich gewählt hat, ist wesentlich, denn er steht in Resonanz mit dir.

Aber nicht nur vereinzelte Steine oder Edelsteine haben ihre ganz eigene Wirkung und Botschaft. Darum möchte ich es an

119

dieser Stelle nicht versäumen, auch jene Steine zu erwähnen, die an bestimmten Kraftorten stehen. Auch sie haben eine ganz besondere eigene Energie. Menhire, Steinkreise und die Externsteine zum Beispiel tragen sehr interessante und kraftvolle Informationen in sich. Gebirgsfelsen und Canyons sind in ihrer Ausstrahlung und Weisheit ebenso besonders beeindruckend. Lass dich auf die Welt der Steine ein! Begib dich in ihre Nähe, betrachte sie, erfühle und erspüre sie! Profitiere von ihrer uralten Weisheit! Es kann sehr beruhigend und interessant werden.

Programmierte Steine

Steine können auch mit Informationen programmiert werden. Oftmals findet das im Zusammenhang mit Amuletten oder energetischer Heilarbeit statt. Besonders gern werden dafür Quarzkristalle verwendet. Aber auch andere Steine können programmiert und ihre Information kann medial abgelesen werden. Ich habe in Ägypten einmal einen solchen Stein gesehen. Es war ein großer dunkler Stein, der im Tempel von Kom Ombo stand. Er war warm von der Sonne, und als ich ihn berührte, spürte ich eine Flut von Informationen und Energien. Ich klebte förmlich an dem Stein fest und wollte am liebsten noch nicht gehen, als mich meine Reisebegleitung ungeduldig aufspürte, damit wir den Bus und den Anschluss zur Gruppe nicht verpassten.

Steine nehmen auch die Informationen des Ortes und der Menschen auf, mit denen sie zu tun haben. Ich habe einen Bekannten, der, wenn er einen Stein in der Hand hält, die Geschichte des Ortes aufrufen kann, an dem der Stein sich einmal befand. Mein Bekannter war so fasziniert von den Steingeschichten, dass er Archäologie studierte.

Energiemuster

Wir können auf medialem Weg zu vielen spannen-
den und heilsamen Informationen gelangen.

Energiemuster von Orten und Gegenständen

Es ist nun nicht so, dass die Informationsübermittlung bei
einer medialen Übertragung nur auf Wesenheiten und Persönlichkeiten beschränkt ist. Auch andere Informationen sind ab-
rufbar, so zum Beispiel die Information bestimmter Orte oder
Gegenstände. Das ist der Grund, warum manche Medien persönliche Gegenstände von Vermissten oder Klienten für ihre Arbeit nutzen möchten. Der Zugang zu diesen gespeicherten Informationen erleichtert dem Medium oft den weiteren Kontakt
und Energiefluss.

Vielleicht kennst du das Gefühl: Du bist auf einem Trödelmarkt
und nimmst ein antikes Kleinod in die Hand, doch es fühlt sich
irgendwie komisch an – freundlich oder unfreundlich und abwei-
send, so als hätte es eine eigene Geschichte, die es nicht loslassen
will. Ein ähnlich seltsames Gefühl haben einige in sehr alten Häu-
sern. Sie empfinden dort zum Beispiel eine eigentümliche Atmosphäre mit einem seltsamen eigenen Charakter. Manche Menschen
spüren es auch, wenn sie in einen Raum kommen, in dem viel
gestritten wurde, und fühlen sich dort unwohl. All das können
gespeicherte und abrufbare Energien sein, die bewusst oder unbewusst von uns wahrgenommen werden können.

Ebenso haben bestimmte Orte ihre ganz eigene Geschichte, die sie oft noch lange ausstrahlen. Ich habe das immer schon an Burgen, Kraftplätzen und in einigen Städten gespürt, die für mich einen Zauber aus einer anderen Zeit ausstrahlten. Besonders auffällig waren meine Wahrnehmungen in Ägypten. Als ich mit zweiundzwanzig Jahren eine Reise nach Ägypten unternahm, wurde ich von Eindrücken nahezu überschüttet. Es waren ganz unterschiedliche Informationen: Erinnerungen, Gefühle und Bilder zu Dingen und Plätzen, zu denen meine Seele eine Verbindung hatte, aber auch Geschichten und weitere Durchgaben, die mir an bestimmten Orten eingegeben wurden – einfach weil ich offen für sie war. So wanderte unsere Reisegruppe in trockener, karger Umgebung vom Tal der Toten in Richtung Hatschepsuttempel, und ich merkte, wie der Ort begann, auf mich zu wirken. In dieser Ödnis fing ich plötzlich an, etwas zu singen, was ich zwar vom Kopf her nicht verstand, da ich nicht sicher war, ob das, was da aus meinem Mund kam, überhaupt eine existierende Sprache war, was mich aber sehr entspannte. Mein Gesang war begleitet von Bildern von wunderschönen grünen Pflanzen, Blüten, Früchten und Tieren. Plötzlich war alles grün und prächtig um mich herum und ich genoss die Atmosphäre. Ich musste von einem Freund regelrecht aufgesammelt werden, weil ich die Zeit vergaß und die Reisegruppe wieder einmal schon weitergegangen war. Als ich ihn fragte, ob ich etwas verpasst habe, sagte er mir nur, dass der inzwischen reichlich entfernte Reiseleiter dort drüben erzählt habe, das Hatschepsut botanische Gärten hatte anlegen und verschiedene Tiere hatte herbringen lassen, weil sie eine Forscherin gewesen sei. Meine Eingebung hatte sich also sofort bestätigt und ich war nicht sehr überrascht. Auf die gleiche Weise konnte ich, ausgelöst durch die Energien einiger Tempel, glanzvolle Prozessionen sehen und das Kribbeln des Wissens wahrnehmen, das in Steinen und Skulpturen gespeichert war. Leider musste ich ständig der Reisegruppe nacheilen, weil ich auf diese Weise immer irgendwo hängen blieb.

Es kann sehr spannend sein, die Geschichte eines Ortes abzurufen – und in manchen Fällen ist es auch sehr sinnvoll, zum Beispiel bei der Wohnungssuche oder bei der Wahl des Geschäftsraumes. Denn die Geschichte eines Ortes haftet manches Mal an ihm, und die wenigsten unter uns sind in der Lage, lang angestaute Energien von Trauer, Schmerz oder Ähnlichem mit einer Packung Räucherstäbchen zu neutralisieren. Da ist es doch einfacher, sich gleich an einen Ort zu begeben, an dem man sich dann auch wohlfühlt. Ich hatte schon einige Klienten, die sich in ihrem Haus nicht wohlfühlten, weil in dessen Geschichte unschöne Dinge geschehen waren.

Ich empfehle jedem, der sich für das Empfangen von Informationen bestimmter Orte oder Gegenstände interessiert, sich frei von Gedanken und Vorstellungen einfach einmal auf sein Gefühl einzulassen, vielleicht die Augen zu schließen und einfach zu spüren. Wie fühlst du dich an deinem Ort? Fühlst du dich wohl oder unwohl? Was für ein Gefühl ist es genau? Differenziere! Ist es warm und einladend oder eher kalt und abstoßend? Je mehr du dich darauf einlässt, diesem Gefühl nachzugehen, desto mehr Informationen werden dazukommen.

Zellbewusstsein

Ja, auch unsere Zellen haben ein Bewusstsein – und dieser These geht inzwischen sogar die moderne Wissenschaft immer mehr nach. Wir wissen schon lange, dass Zellen gespeicherte Informationen in sich tragen. Es heißt, schon von Beginn an ist in unserem Erbgut alle Information enthalten, die wir im Laufe unseres Lebens für unser Wachstum und unsere Entwicklung brauchen – und diese Information können wir abrufen. Die Wissenschaft untersucht dafür unsere DNA und schreibt ihren Bestandteilen

Eigenschaften und Folgen zu. Doch wir selbst haben auch diesen Zugriff, es sind doch unsere Zellen.

Wir können unsere Zellen auf medialem Wege wahrnehmen und auch erspüren. Fühle einmal in deine Zellen hinein! Wie fühlen sie sich an, müde und erschlafft oder leuchtend und frisch? So seltsam es klingen mag, aber wenn wir uns die Zeit nehmen, mit unseren Zellen zu kommunizieren, können wir enorme Fortschritte für unsere Gesundheit und unser Wohlbefinden erzielen. Nicht umsonst haben Michael Mosaro und Astrid Kuby mit dem Song "Jede Zelle meines Körpers ist glücklich" einen kleinen Hype ausgelöst. Es wirkt! Wir können von unseren Körperzellen genauso Informationen darüber bekommen, was ihnen fehlt, wie wir Energie und positive Informationen an sie abgeben können. Das Ergebnis ist spürbar – viele kennen es aus Entspannungs- und Suggestionsmethoden wie dem autogenen Training.

Diesem wird zu Recht die Möglichkeit der Beeinflussung des vegetativen Nervensystems zugesprochen. Vor langer Zeit hielt man das vegetative Nervensystem in unserer Wissenschaft noch für nicht bewusst beeinflussbar. Deshalb nannte man es auch das autonome Nervensystem. Es ist zuständig für lebenswichtige Funktionen des Kreislaufes, der Verdauung, der Ausscheidung, der Sekretion, des Stoffwechsels, der Fortpflanzung und der Körpertemperatur. Letztere wird bereits bei den Anfängerübungen des autogenen Trainings erfolgreich beeinflusst. Die Wärme, die man dabei in seinem Körper erzeugt, ist tatsächlich nicht eingebildet, sondern messbar. So wird das autogene Training nicht nur zur Entspannung genutzt, sondern zum Beispiel auch von Menschen, die in sehr extremen Situationen in der Lage sein wollen, sowohl Herr ihres Geistes als auch ihres Körpers zu sein. Ein Eiswanderer wie Arved Fuchs trainierte sich zum Beispiel mit autogenem Training für seinen langen Fußmarsch durch die Arktis. Dr. Hannes Lindemann nutzte ebenso das autogene Training als Vorbereitung auf seine Ozeanüberquerungen, die er – eingeengt auf der winzigen Fläche seines Faltbootes – mit einem Minimum an Proviant und den Gezeiten ausgesetzt absolvierte. Schau hin, es gibt so viele Möglichkeiten!

Krankheiten

Auf unseren Körper zu hören, fällt uns meistens etwas schwer, und so kommt es in der Folge häufig zu Krankheiten. Ich will damit nicht behaupten, dass wir alle nur krank werden, weil wir unserem Körper nicht zuhören, denn es gibt ebenso andere und auch karmische Ursachen. Doch in den meisten Fällen ist es leider tatsächlich so, dass wir dann krank werden, wenn wir lange genug nicht darauf geachtet haben, was unsere Seele, unser Geist und unser Körper brauchen. Immerhin beginnen einige wenigstens dann damit, auf ihren Körper zu hören sowie Kontakt zu ihren Zellen aufzunehmen und ihrer Botschaft zu lauschen, wenn sie krank sind. Je eher man die Botschaft der Krankheit für sich angenommen, verstanden und verarbeitet hat, desto schneller ist in der Regel mit einer Genesung zu rechnen. Wenn man die Botschaft jedoch ignoriert, sucht sich die Krankheit häufig einen anderen Weg. Darum macht es großen Sinn, mit den erkrankten Zellen, der eigenen Seele oder auch mit verschiedenen Geisthelfern zu kommunizieren, die einem den Weg zur Genesung weisen können.

Das mediale Wirken ist keine einseitige Sache. Wie bereits erwähnt, können wir Botschaften von unserem Körper wahrnehmen und ihm gleichzeitig durch unsere Aufmerksamkeit heilende Energie zukommen lassen. Warum sollte man sich also nicht gleich von vornherein die Zeit nehmen, einmal auf seine Zellen zu hören? Lausche, meditiere, nimm wahr! Mithilfe deiner medialen Sinne findest du einen Weg!

Teil II:

Die Praxis medialer Aktivitäten

Grundvoraussetzungen für das mediale Empfangen

Ist Medialität angeboren oder erlernbar?

Jeder Mensch trägt ein mediales Potenzial in sich.

Ist jeder medial?

Entsprechend unserer Glaubenssätze können wir unsere Wahrnehmung einengen oder erweitern. Ich denke, jeder trägt auf irgendeine Weise das Potenzial zur Medialität in sich. Wir sind entsprechend unserer Umwelt und unserer Weltanschauung nur nicht darin geschult, damit umgehen zu können.

Wenn du spürst, wann deine Blumen mehr Licht oder Wasser brauchen, weil du ihre Schwingung wahrnimmst, wenn du ein komisches Gefühl im Bauch hast, bevor du dich auf eine ungute Situation einlässt, wenn du gerade dann an jemanden denkst, wenn er dich anruft, wenn dich Inspiration durchströmt ... All das ist bereits mediales Wirken. Es ist eine Kommunikation mit der Seele der Pflanzen, mit deiner inneren Stimme, mit der Aufmerksamkeit oder den Gedanken des Anrufers, mit der göttlichen Schöpferenergie und mit vielem mehr ... Und du hörst sie, du nimmst sie mit deinen medialen Sinnen wahr. Es müssen keine lauten Stimmen in deinem Kopf sein, und es müssen auch keine Wesensveränderungen in dir stattfinden. Wenn du mit deinem Nachbarn sprichst, wirst du ja auch nicht gleich zu einem anderen Menschen. Es geht vielmehr um eine feinere Wahrnehmung, die es dir ermöglicht, auch Informationen jenseits des gesprochenen Wortes zu empfangen.

Kann jeder ein Medium sein?

Alles ist mit allem verbunden. Es gibt keinen Menschen kein Tier, keine Pflanze, kein Energiefeld, das nicht mit anderen gekoppelt ist. Pflanzen und Tiere sind sich ihrer Verbindung bewusst, sie erleben keine Getrenntheit untereinander. Wir Menschen hingegen können zwischen hunderten von Artgenossen stehen, uns immer noch allein fühlen und glauben, wir hätten mit den anderen nichts zu tun. Da wir jedoch mit anderen Menschen, Wesen, Orten und Energiefeldern verbunden sind, können wir deren Energien auch wahrnehmen, jeder auf seine Weise. Jeder Mensch hat Neigungen und Vorlieben in seiner Wahrnehmung, denen er häufig auch im Bereich der geistigen Welt folgt. Diese Vorlieben zeigen sich oft genauso beim Wahrnehmen geistiger Impulse. So reagierst du zum Beispiel, wenn du ein körpergefühlsbetonter Mensch bist, mit deinem Bauchgefühl am stärksten. Wenn du visuell veranlagt bist, bist du offener für ein hellsichtiges Empfangen von Bildern und Symbolen, wenn du ein emotional feinfühliger Mensch bist, reagierst du empathisch und so weiter.

Wenn manchmal auch nur im Kleinen, kann also jeder von seinen Grundvoraussetzungen her ein Medium sein. Alles, was man dazu braucht, ist Offenheit für die feinere Wahrnehmung, Übung und Vertrauen.

Die Persönlichkeit

Je reifer und mitfühlender die Persönlichkeit des Mediums ist, desto höhere Geistwesen zieht es an.

Wer als Medium tätig sein möchte, sollte eine innere Grundstabilität, eine gewisse Offenheit, eine innere Bereitschaft, anzunehmen und zu lernen, und eine gewisse Anlage zum selbstlosen Helfer in sich tragen, der gern bereit ist, sich selbst zurückzunehmen, um höhere Informationen für sich und andere verfügbar zu machen. Man sollte reif und ehrlich genug sein, die Botschaften so unverfälscht wie möglich weiterzugeben – unabhängig davon ob man dann in seiner eigenen Auffassung recht hat oder nicht. Außerdem sollte man wachsam und zurückhaltend sein, um nicht seine eigenen Probleme oder Themen mitsamt den gechannelten Informationen mitzuliefern.

Ich würde die perfekte Persönlichkeit eines Mediums als einen reifen, hilfsbereiten Charakter beschreiben, der glücklich ist, seine Gabe nutzen zu dürfen, ohne sich selbst dabei zu wichtig zu nehmen. Manipulative, unaufrichtige oder besserwisserische Eigenschaften sind dem medialen Vorgang nicht zuträglich. Das Medium sollte sich nicht als Mensch sehen, der keine Fehler macht und über anderen steht, und ebenso keine Energie darauf verwenden, besonders großartig dastehen zu wollen. Das würde zu Verzerrungen und Unwahrheiten im medialen Wirken führen.

Vorsicht, Ego!

Das Ego ist ein vorlauter Geselle,
den es zu bändigen gilt.

Der Teil unserer Persönlichkeit, den es beim medialen Prozess besonders zu bändigen gilt, ist unser Ego. Unser Ego will immer an erster und bedeutendster Stelle stehen, bemerkt und anerkannt werden. Es nimmt sich unglaublich wichtig, möchte immer gut dastehen und immer recht haben. Es schließt eine tatsächliche Offenheit in sich aus, da es alles dafür tut, seine Standpunkte zu beweisen und zu untermauern, egal ob es Standpunkte des Selbstzweifels oder der Selbstüberschätzung sind. Das Ego nutzt den Verstand besonders gern dazu, seine Standpunkte um jeden Preis zu bestätigen. Es kämpft beständig um seine Daseinsberechtigung und möchte die höchste Instanz im Gesamtgefüge sein.

Wenn du es jedoch mit der Gelassenheit betrachtest, mit der du einem vorlauten Heranwachsenden begegnen würdest, und erkennst, mit welchem Anteil du es zu tun hast, macht es dir keine Probleme. Du kannst dann beobachten und dir sagen: "Ah, da will wieder jemand recht haben!" Oder: "Oh, da will jemand die Wahrheit nicht hören!" Oder: "Aha, mein innerer Zweifler meldet sich wieder!" Diese und ähnliche Beobachtungen kannst du machen. Nimm sie einfach nicht weiter ernst.

Die Bemerkungen des Egos sind in der Regel vorlauter als tatsächlich gechannelte Botschaften. Frei nach dem Motto "Gefahr erkannt, Gefahr gebannt!" kannst du sie da belassen, wo sie sind, und dich weiter auf die mediale Übertragung konzentrieren.

Ich kann mich erinnern, dass es noch nach Jahren öffentlicher Channelings Momente gab, in denen mein Ego aufschrie: "Hey, Moment mal! Woher willst du wissen, dass diese Frau zwei Kinder hat, wo du doch mit geschlossenen Augen vor ihr sitzt?" Ich kann in solchen Fällen nur dazu raten, im Augenblick der Übertragung die Aufschreie des Egos nicht zu beachten. Lass die Übertragung weiter fließen, konzentriere dich auf das Wesen oder die Energie, mit der du für das Channeling verbunden bist, und bewerte nichts! Über Dinge, die dich verwirren oder die dir seltsam vorkommen, kannst du dir nach der Übertragung immer noch Gedanken machen.

Die innere Bereitschaft

Ein Medium ist offenen Geistes dazu bereit,
als Teil des Ganzen zu wirken.

Eine wesentliche Voraussetzung, um als Medium wirken zu können, ist, dass du dich aus freien Stücken und von Herzen gern für die Botschaften der geistigen Welt öffnest. Auch wenn du für dich selbst channeln möchtest, sind Neugierde und Empfangsbereitschaft sowie eine gewisse Demut und Dankbarkeit sehr wichtig. Du solltest nicht erwarten, dass dir gesagt wird, was du hören willst, sondern bereit sein für die Antworten, die kommen. Wenn du als Medium für andere wirken willst, sollte dein Herz ebenfalls offen und frei für diese Menschen sein. Wenn du aus Liebe und innerer Erfüllung handelst, hast du automatisch eine höhere Energie und die besten Möglichkeiten, wirklich hilfreiche Botschaften zu übermitteln.

Sei bereit, dich für die Informationen der geistigen Welt zu öffnen, ganz gleich wie sie kommen und sich zeigen mögen! Ich erlebe oft, dass Channeleinsteiger gleich zu Beginn ganze Sätze erwarten und sich darauf versteifen, dass nur das Empfangen zusammenhängender, längerer Textbotschaften eine tatsächliche mediale Übertragung ist. Vielleicht bemerkt deine feine Wahrnehmung aber zuerst Zeichen und Symbole, bestimmte Gefühle oder Impulse, für die du nicht offen bist, wenn du die Art der Antwort schon von vornherein festlegen willst. Sei also geduldig mit dir und der geistigen Welt, und deine feinfühlige Empfangsbereitschaft kann sich allmählich entwickeln und ausweiten.

Vertrauen

Vertrauen ist eine Saat, die im Herzen erblüht.

Vertrauen ist ein sehr wichtiger Bestandteil des medialen Vorganges, ohne Vertrauen kann die Übertragung nicht fließen. Zunächst ist es also sehr wichtig, dass du mit einem kleinen Vertrauensvorschuss den Kontakt zu deinem Geistwesen, mit dem du kommunizieren willst, aufbaust. Du kannst deinen Geistführer dabei um Unterstützung bitten. Die Geistwesen sind bestrebt, mit dir zu kommunizieren, und werden sich bemühen, dir Zeichen und Informationen zu geben, durch die du Sicherheit gewinnen kannst. Zum einen brauchst du also genug Vertrauen zu deinem Geistwesen, um bereit zu sein, Platz in dir zu schaffen, und die Kommunikation dadurch zulassen zu können. Zum anderen ist es auch wichtig, Vertrauen in die Botschaften und Fähigkeiten deines Geistführers zu gewinnen. Hierfür ist es sehr hilfreich, wenn du Botschaften erhältst, die sich bestätigen lassen oder die sich bewahrheiten. Je mehr Zuverlässigkeit du in den Botschaften entdeckst und je deutlicher sie sich überprüfen lassen oder als zutreffend bestätigen, desto besser kann dein Vertrauen wachsen.

In meiner Anfangszeit als Channel habe ich so schlaue Fragen gestellt wie: "Wer war ich in meinen früheren Leben?" Die Antwort hat mir nicht nur Kopfschmerzen bereitet, weil es sehr schwierig war, die zum Teil ungewöhnlichen Namen zu empfangen. Ich konnte sie zunächst auch gar nicht annehmen und habe sie für Blödsinn gehalten. Zum Glück kannte ich einen befreundeten Historiker, der mir die seltsamen Namen sowie die geschichtlichen und geografischen

Zusammenhänge tatsächlich erklären konnte. Suche dir für den Anfang am besten leichte Fragen und Themen, die dir weniger Kopfzerbrechen bereiten und sich leichter empfangen und bestätigen lassen. Frage zum Beispiel nach Dingen, die in Kürze eintreffen werden und von denen du im Augenblick noch nichts wissen kannst.

Ich erlebe es zum Beispiel häufig, dass mir, während ich meine Channelbotschaften fleißig niederschreibe, mitgeteilt wird, dass die Übertragung jetzt unterbrochen und nach dem Telefonat weitergeführt wird. Ich frage mich inzwischen nicht mehr, welches Telefonat wohl gemeint ist, denn inzwischen weiß ich, dass das Telefon dann sofort klingelt. Ich begebe mich immer wieder neu in den Vertrauensvorschuss. Wenn ich beispielsweise bei einem persönlichen Channeling für einen Klienten ein Geistwesen empfange, das einleitend ohne vorherige Informationen seitens des Klienten einige Worte spricht, bekomme ich regelmäßig eine Botschaft, die genau die Fragen und Themen enthält, die dem Klienten gerade auf dem Herzen liegen. Dies stärkt das Vertrauen des Klienten, nun detailliert seine Fragen zu stellen, ebenso wie es mein Vertrauen in die Zusammenarbeit mit dem Geistwesen kräftigt. Lass dir also Zeichen und Informationen geben, die euer Zusammenwirken stärken! Bitte um Unterstützung, das Vertrauen in deinen Weg als Medium zu finden. Du wirst sehen, du wirst Antworten bekommen.

Zu guter Letzt ist es natürlich auch wichtig, dass du in dich als Medium vertraust. Zu Beginn meiner medialen Kommunikation hatte ich oft viel Freude an der Fülle der erhaltenen Informationen, aber dennoch dachte ich manches Mal darüber nach, dass das Ganze doch zu fantastisch ist, um real sein zu können. Andere Medien stellen sich oft die Frage, warum gerade sie ein Kanal sein sollen, und blockieren sich auf diese Weise. Vertraue dir und lass dein Vertrauen mithilfe der Ergebnisse, die du beim medialen Wirken erlangst, wachsen. Es gibt keinen Grund, warum du nicht mit deinen Geistführern sprechen solltest. Du musst dafür weder ganz besonders noch ein Heiliger oder eine Heilige sein.

Sich selbst zurücknehmen

Nimm dich selbst zurück und werde leer
wie ein Gefäß, das gefüllt werden kann!

Wenn du als Medium wirken willst, musst du in der Lage sein, für den Moment der Übertragung deine eigenen Wünsche, Bedürfnisse, Gedanken, Meinungen, Sorgen und Befürchtungen zurückzunehmen. Für diesen Moment sind sie nicht da. Du lehnst dich am besten in dir zurück und nimmst das ganze Sammelsurium an persönlichem Wollen und Meinen aus deinem Fokus. Du kannst dir dabei vorstellen, dass du dich in den hinteren Bereich deines Körpers zurückziehst und deine eigene Wichtigkeit und Präsenz zurücknimmst, so dass Platz für die Botschaften der Geistwesen entsteht. Erst dann kann ein anderes Geistwesen diesen Platz einnehmen und seine Informationen über dich weiterleiten.

Wenn du gerade lernen willst, deine ersten medialen Botschaften zu empfangen, empfehle ich dir, zunächst über Themen zu kommunizieren, bei denen dir das Ergebnis nicht zu sehr am Herzen liegt. Also bitte nicht über den Liebeskummer oder die erhofften Prüfungsergebnisse channeln, denn es dürfte dir am Anfang sehr schwerfallen, dich in einem solchen Fall ganz zurückzunehmen. Außerdem könnten sich deine Wünsche oder Befürchtungen in die Übertragung mischen. Der geeignete Augenblick, um sich zurückzunehmen und sich frei für eine Übertragung zu machen, ist ein Moment, in dem du gerade frei von Bedürfnissen oder Befürchtungen bist. Als geeignete Themen eignen sich persönlichkeitsferne Fragen, bei denen du neugierig auf die Informationen bist, aber dennoch neutral bleiben kannst.

Je besser du lernst, dich bewusst zurückzunehmen, desto besser kannst du das später auch in Situationen und bei Fragen an die geistige Welt tun, die dir stärker am Herzen liegen. Mit der Zeit erkennst du dann auch den Unterschied zwischen einer auf medialem Weg empfangenen Antwort und einer Angst- oder Wunschinformation aus deinem Ego immer besser.

Passives Empfangen

Lehne dich zurück und beobachte, was zu dir will!

Das passive Empfangen kann am Anfang etwas schwierig sein, weil wir immer glauben, etwas tun zu müssen, um etwas zu erreichen, und man kann sich auch mit seinem Wollen anständig verkrampfen. Versuche, dich ganz auf den Kontakt und die Schwingung des Geistwesens, mit dem du kommunizieren willst, einzulassen! Konzentriere dich zunächst nur darauf, wie sich dieses Wesen und sein Kontakt mit dir anfühlen! Dann nimm dich zurück und warte auf das, was kommt. Es können Gefühle wie Freude, Erleichterung oder Vertrautheit sein, es können kurze Gedanken sein, die dir plötzlich durch den Kopf schießen, oder einfach nur das Wissen, dass alles gut ist.

Wenn du spürst, dass der Kontakt da ist, kannst du versuchen, um eine Botschaft zu bitten. Bleibe dann bitte passiv und abwartend und beobachte einfach nur, was passiert. Sobald du etwas empfängst, lass es fließen! Versuche nicht, es gleich zu verstehen oder einzuordnen, sondern warte erst einmal ab, was kommt, und lass dem Vorgang seinen Lauf! Mache dir am besten im Anschluss oder sogar währenddessen Notizen! Wenn du ein Schreibmedium bist, wird es dir bald leichtfallen, die Worte und Gedanken aufzuschreiben, und sie werden schon bald fließen.

Probiere es aus und notiere dir alles, was dir in den Sinn kommt und was du wahrnimmst! Später kann es dir helfen, dein Vertrauen und den Zugang zu deinem Geistwesen immer leichter zu finden.

Fließen lassen

Lass die Informationen fließen,
ohne sie zu bewerten!

Wenn du dich in dich zurückgezogen hast, den Kontakt zu deinem Geistwesen hergestellt hast und die Übertragung begonnen hat, ist es ganz wichtig, dass du sie fließen lassen kannst – sonst blockierst du den Vorgang. Lass also die Informationen, Zeichen und Gefühle geschehen, es sein denn du fühlst dich unwohl damit! Bewerte nichts und versuche nicht zu verstehen, wie der Vorgang vonstattengeht. Zweifle nicht an der Präsenz deines Geistwesens oder deiner Fähigkeit als Medium, sondern lass dich unschuldig und unbefangen auf den Vorgang der medialen Übertragung ein! Tue nichts anderes, als es einfach geschehen zu lassen! Du kannst dir im Anschluss Gedanken darüber machen, was du erreicht hast und wie sinnvoll oder sinnlos die empfangenen Botschaften sind. Während der Übertragung aber solltest du diese Gedanken außen vor lassen, denn sie unterbrechen quasi deine Leitung.

Gerade, wenn du mit dem medialen Empfangen anfängst, kannst du nicht erwarten, dass alles gleich so reibungslos funktioniert, wie du es dir ersehnst. Wenn du den Kontakt zu deinem bevorzugten Geistwesen noch nicht gewohnt bist, kann es dir passieren, dass du es nicht erkennst und vielleicht verspielte erdgebundene Geister in deiner Leitung hast, die wirre Informationen an dich weitergeben. Darum übe, den Kontakt zu deinem

Geistwesen zu trainieren, damit du genau erkennen und fühlen kannst, mit wem du es zu tun hast!

Gib auch nicht gleich auf, wenn du ein scheinbares Wirrwarr empfängst! Wenn du einen Radiosender einstellen willst, musst du auch erst ein wenig suchen und justieren, bis du den gewünschten Kanal richtig gut empfängst. Brich den Vorgang aber ab, wenn er dir zu wirr erscheint, und begnüge dich mit der Freude darüber, dass du schon etwas empfangen hast! Jetzt musst du nur noch die "Kanaleinstellung" besser üben. Wenn der Kanal passt und du den richtigen Ansprechpartner am anderen Ende der Leitung hast – dann lass alles fließen, ohne weiter eingreifen, bewerten oder verstehen zu wollen!

Das Energieskelett

Mit einem starken und reinen Energieskelett
schaffst du die optimalen Voraussetzungen
für das mediale Empfangen.

Wenn du dich der geistigen Welt als Medium öffnen möchtest,
ist es wichtig, dass du dein Energieskelett stärkst und pflegst, denn
um höhere oder feinere Energien und Wesenheiten empfangen zu
können, ist es notwendig, einen klaren und intakten Energiekörper
zu haben. Das Gefäß muss den Schwingungen der Energien stand-
halten können und sollte fein genug ausgerichtet sein, um sie
wahrnehmen zu können.

Unser Energiekörper – die Aura

Unsere Sensoren für die Wahrnehmung und Aufnahme fein
schwingender Energien wie die der Geistwesen befinden sich
hauptsächlich in unserem sogenannten feinstofflichen Körper, der
für Hellsichtige als Aura sichtbar ist. Jedes Lebewesen hat diesen
feinstofflichen Körper, denn er verbindet unseren physischen Körper mit unserem Geist und der ätherischen Lebensenergie. Unser
feinstofflicher Körper besteht aus mehreren Schichten, die über
unseren physischen Körper hinausreichen und sich gegenseitig
durchdringen. Von innen nach außen sind das grob gesagt der

ätherische Körper, der quasi als unser ätherisches Doppel bezeichnet und der als jener geistige Körper beschrieben wird, der im Tod oder bei der Astralwanderung auf Reisen geht. Dann folgt der Emotionalkörper, der unsere emotionalen Erfahrungen und Gefühle in sich trägt. Darauf folgt der Mentalkörper, der unsere Gedankenstrukturen beherbergt und unsere geistigen Möglichkeiten in sich trägt. Und abschließend folgt unser spiritueller Körper, der Kausalkörper. Dieser verbindet uns mit unserem höheren Seelenanteil und unserer Lebensaufgabe. Wie du siehst, werden unsere Gedanken und Erfahrungen in unserer Aura gespeichert und es macht Sinn, diese regelmäßig zu reinigen und zu klären. Denn wie heißt es so schön: Ein volles Gefäß kann man nicht füllen – und Ängste, starke Gefühle oder festgefahrene Gedankenmuster können einer medialen Übertragung im Weg stehen. Außerdem machen Störungen, Blockaden und Verletzungen unsere Aura instabil und löchrig. Eine zerlöcherte Aura wiederum ist ein Anziehungspunkt für niedere Wesen, die Energie ziehen wollen. Eine starke und klare Aura dagegen steht in unmittelbarem Zusammenhang mit einem gesunden Körper und hat ein entsprechend höheres Energieniveau, dass es dir leichter ermöglicht, dich mit höheren Geistwesen zu verbinden.

Die Chakren

Unser Energiekörper umfasst die soeben beschriebenen Schichten unserer Aura, die vielen Energiebahnen, die in verschiedenen fernöstlichen Heilkünsten eine große Bedeutung haben, und das Chakrensystem, das seinen Sitz an den zentralen Verbindungsstellen zu unseren körperlich wichtigsten Drüsen, Zentren und Knotenpunkten hat und das uns mit feinstofflicher Energie versorgt. Die sieben Hauptchakren werde ich im Folgenden kurz beschreiben, weil sie eine wichtige Funktion in unserem Energieskelett haben und während des medialen Vorganges aktiv gebraucht werden. Es gibt inzwischen viel Literatur über dieses Thema, die du bei Interesse weiterführend nutzen kannst.

Ihren Sitz haben die sieben Hauptchakren etwa entlang der Körpermitte an der sogenannten Pranasäule, dem großen Energiestrom, der entlang unserer Wirbelsäule verläuft. Ich beschreibe sie kurz von unten nach oben. Das erste Chakra, das auch Wurzelchakra genannt wird, befindet sich etwa zwischen unserem Steißbein und unserem Anus. Es hat die Funktion, uns mit dem Urvertrauen und dem Lebenswillen zu verbinden. Existenzielle Themen, unser Selbsterhaltungswille und unser Sicherheitsgefühl sind ebenso an die Funktion dieses Chakras gebunden. Körperlich steht es mit den Nebennieren in Verbindung. Es ist in seiner Funktion dem Steißbein, dem Dickdarm, Knochen, Nägeln und Zähnen zugeordnet. Das erste Chakra sollte während eines Channelingvorgangs gut mit der Erde verwurzelt sein.

Das zweite Chakra, auch Sexualchakra genannt, befindet sich etwa in der Mitte unseres Unterbauches. Seine Funktionen beziehen sich auf die Sexualität und Fortpflanzung, auf Sinnlichkeit, Genussfähigkeit und Kreativität. Körperlich ist es mit den Eierstöcken und den Hoden verbunden.

Das dritte Chakra, auch als Solarplexuschakra bekannt, befindet sich in unserem Solarplexus. Körperlich ist es in seiner Wirkung der Bauchspeicheldrüse zugeordnet und hat Auswirkungen auf Magen, Dünndarm, Leber und das vegetative Nervensystem, das unsere Stress- und Erholungsthemen bearbeitet. In diesem Chakra stecken unsere Willenskraft, die Fähigkeit zu einer gesunden Ich-Wahrnehmung und Positionierung sowie unser Bezug zu Themen wie Macht und Kontrolle.

Das vierte Chakra befindet sich in unserer Körpermitte etwa in Höhe unseres Herzens. Es wird auch Herzchakra genannt und ist körperlich der Thymusdrüse zugeordnet, die eine wichtige Aufgabe für unser Immunsystem, also unsere körperliche Abwehrfähigkeit, in sich trägt. Es wird in seiner Wirkung der Funktion von Herz, Kreislauf, Blut und Lunge sowie den Armen und Händen zugeordnet. Hier liegen Themen wie Liebe, Mitgefühl, Menschlichkeit und Beziehungsfähigkeit. Unsere Fähigkeit zur spirituellen Liebe und damit auch zur Öffnung für unsere geistige Aufgabe liegt im Herzchakra. Ein klares und intaktes Herzchakra ist für den medialen Prozess ein großer Vorteil. Mediale Empfindungen, wie zum Beispiel unser Bauchgefühl, zeigen sich meistens in einem der drei Chakren – im Sexualchakra, Solarplexus oder Herzchakra – besonders stark. Ich erwähnte bereits jene Situationen, in denen man ein beklemmendes Gefühl auf der Brust hast oder der Magen sich verkrampft, wenn man sich auf etwas einlässt, bei dem die Intuition eindeutig sagen will, dass es besser wäre, die Finger davon zu lassen. Das sind deine körperlichen Reaktionen auf die entsprechenden Begebenheiten, die über die Chakren ausgelöst werden.

Das fünfte Chakra, das auch Kehlkopfchakra genannt wird, befindet sich an unserem Hals in unmittelbarer Nähe zu unserer Kehle. Mit ihm sind Schilddrüse und Nebenschilddrüse verbunden und sein körperlicher Einflussbereich reicht vom Hals und Kehlkopf über Speise- und Luftröhre bis zu Nacken, Schulter und Kiefer. Unsere Kommunikations- und Ausdrucksfähigkeit ist mit diesem Chakra verbunden, ebenso unser Bezug zur Wahrheit. Sprachmedien spüren die Aktivität des Kehlchakras in der Regel während des Channelns besonders stark.

Das sechste Chakra wir auch als Drittes Auge bezeichnet. Körperlich liegt es etwas oberhalb und in der Mitte unserer Augenbrauen. Mit ihm ist die Hirnanhangsdrüse verbunden und es wird den Funktionen von Kleinhirn, Nervensystem, Hormonsystem, Augen, Ohren, Nase und Nebenhöhlen zugeordnet. Mit dem Dritten Auge sind wir in der Lage, hellzusehen, Visionen zu empfangen, zu visualisieren und unsere Wirklichkeit zu erschaffen. Auch unsere Wahrnehmungsfähigkeit ist stark an dieses Chakra gebunden, beginnend mit der Konzentrationsfähigkeit bis hin zum Wahrnehmen über den siebten Sinn.

Das siebte Chakra, auch Kronenchakra genannt, befindet sich etwa in der Mitte unserer Schädeldecke. Es ist mit der Zirbeldrüse verbunden und körperlich dem Gehirn und den Funktionen des gesamten Organismus zugeordnet. Durch das Kronenchakra sind wir mit unserem kosmischen Bewusstsein verbunden, und durch die Funktionsfähigkeit dieses Chakras können wir unsere Lebensaufgabe wahrnehmen, unsere Spiritualität entfalten und uns selbst verwirklichen. Einige Menschen, bei denen dieses Chakra nicht sehr aktiv ist, fühlen oft eine Leere und Sinnlosigkeit in sich.

Die Chakren fünf, sechs und sieben werden beim medialen Vorgang in der Regel am meisten beansprucht. Im Idealfall sollten alle Chakren stark und rein sein und in klaren Farben leuchten. Denn dann ist man in seiner Gesamtheit gut für alle Themen und Bereiche des Lebens gerüstet und hat Platz für weitere Erfahrungen. Außerdem hat die Klärung und Stärkung des Energieskelettes ganz nebenbei auch die schöne Nebenwirkung, dass sich spirituelle und mediale Fähigkeiten besser entfalten können. Durch die regelmäßige Klärung der Chakren geschieht das manchmal ganz von allein. Du siehst also, wie wichtig ein funktionsfähiges Energieskelett für dich ist, auch unabhängig vom medialen Wirken. Übrigens tragen eine gesunde Ernährung, Bewegung, frische Luft, positive Emotionen und eine klare, positive Gedankenstruktur ebenfalls ihren nicht gerade unwichtigen Teil zu einem sauberen Energieskelett bei. Eine Übung zur Stärkung und Klärung deines Energieskelettes findest du im Kapitel "Das Energieskelett reinigen, stärken und schützen" auf Seite 175 ff.

Erdung, Anbindung und Zentrierung

Schaffe dir die Voraussetzungen,
um ein stabiler Kanal zu sein.

Erdung und Zentrierung sind wesentliche Voraussetzungen für ein sicheres mediales Wirken – zum einen damit du ein stabiler Kanal bist und zum anderen, damit du auch nach dem medialen Vorgang eine gesunde und wachbewusste Tagestauglichkeit besitzt. Es nutzt niemandem etwas, wie im Traum durch den Tag zu taumeln und weder konzentriert noch wachsam seinen alltäglichen Lebensaufgaben nachgehen zu können. Tatsächlich bringt es dich nicht sehr weit, wenn du vor, während und nach dem medialen Vorgang völlig zerstreut und nicht ganz bei dir bist. Nur gefestigt und aus deiner Mitte heraus kannst du auch klar entscheiden, für welchen Zweck und welches Wesen du dich öffnest. Zentrierung und Erdung gewähren dir die notwendigen Grundfestigkeiten. Außerdem ist eine gute Erdung sehr hilfreich, um das Erlebnis der medialen Erfahrung und die dadurch gewonnenen Informationen und Energien fruchtbar in dein Leben zu integrieren. Darum achte bitte darauf! Diese Grundlagen werden oft und gerne vergessen. Wie man sich erden und zentrieren kann, erkläre ich in der Visualisationsübung im Kapitel "Erdung und Zentrierung" auf Seite 178 f.

Zusätzlich sorgen viele alltägliche Tätigkeiten für eine gute Erdung. Sie sollten besonders nach der medialen Arbeit durchgeführt werden. Dies sind zum Beispiel das Bewegen in der Natur, der Genuss gesunder Nahrung sowie körperliche und gedankliche Aktivität. Du kannst die Wohnung putzen, das Fahrrad reparieren, Blumen umtopfen, ... Was auch immer es ist, es sollte deine Aufmerksamkeit auf eine handfeste alltägliche Situation lenken. Auch ein in gewisser Weise geregeltes Umfeld ist wichtig für eine dauerhaft funktionierende Erdung. Denn die Energien der geistigen Welt sind sehr wohltuend, erhöhend und liebevoll. Oftmals kommt man dann ungern wieder mit dem groben, ernüchternden Alltag in Kontakt. Es ist jedoch sehr wichtig, dass du positive Aktivitäten im Alltag sowie im Freundeskreis oder im Familienumfeld pflegst, sonst besteht die Gefahr, dass du mehr auf der geistigen Ebene als in deinem täglichen realen Leben sein möchtest. Sorge also dafür, dass es Dinge gibt, auf die du dich in deinem täglichen Leben freust! Denn ungeerdet durch das Leben zu taumeln, kann Unfälle provozieren und deine psychische Gesundheit gefährden, da du dadurch unbewusst immerzu die Leitungen zur anderen Welt offen lässt. Wer nicht richtig da ist, kann auch nicht richtig auf sich achtgeben. Also vergiss nie, dass du ein spirituelles Wesen auf der Erde bist, das genau hier ein Leben lebt!

Die Anbindung an die geistige Führung wird den überwiegenden Teil deines alltäglichen Lebens über deine Intuition wirken, und das ist gut so, denn du kannst unmöglich alle Notwendigkeiten des Alltags in Trance oder Halbtrance bewältigen. Zusätzlich hält dein Grundvertrauen das Angebundensein an die Führung durch die geistige Welt aufrecht. Wenn du bisher noch kein Grundvertrauen hast, kannst du es mit der Zeit durch die positiven Ereignisse, die dir durch die geistige Führung ermöglicht werden, gewinnen. Deine mediale Anbindung kann durch Übungen, wie ich sie in den Kapiteln "Einschalten - ausschalten" (Seite 182 ff.) und "Das Adressieren" (Seite 187 f.) beschreibe, konkret hergestellt werden. Sie wird stärker, je vertrauter du mit deinen Fähigkeiten und deinen Geisthelfern wirst. Hab Geduld und wisse, dass Vertrauen im Herzen nicht nur Frieden bringt, sondern dich auch für die göttlichen Wunder und dein Lebensglück öffnet.

Atmosphäre und Umgebung

Die passende Umgebung erleichtert
dir den medialen Prozess.

Für eine mediale Übertragung ist es optimal, wenn du dich an einem ruhigen Ort befindest, an dem du ungestört bist und dich sehr wohlfühlst. Es ist hilfreich, wenn sich an diesem Ort nicht zu viele ablenkende Gegenstände befinden, so dass du dich ganz auf deine Wahrnehmung und auf dich selbst konzentrieren kannst. Auch solltest du störende Geräuschquellen soweit es geht ausschließen. Am schönsten ist es, wenn du in einem Raum bist, den du gern für spirituelle und meditative Übungen nutzt und den du nun auch für deine medialen Aktivitäten und Channelings aufsuchst. So stellt sich dein Unterbewusstsein automatisch darauf ein, dass es sich hier für eine mediale Übertragung öffnen will.

Es wäre auch gut, wenn der Raum ein Fenster hat. Du kannst dich mental oft leichter einstellen, wenn du dir ein paar Kerzen, eine Duftlampe oder Ähnliches anmachst. Wenn du ein bestimmtes Wesen kontaktieren willst, ist es ebenso hilfreich, wenn du ein Bild, die zugehörigen Farben, eine Blume, einen Edelstein oder das Symbol des Wesens bei dir aufstellst. Mehr über Hilfsmittel, die du verwenden kannst, erfährst du auch im Kapitel "Hilfsmittel und Werkzeuge" auf Seite 162 ff.

Reinige deinen Raum mit einem guten Räucherstäbchen oder einer Räucherung! So kannst du störende Energien ausschließen. Achte dabei aber darauf, dass du keine Produkte mit künstlichen

Duftstoffen verwendest, denn sie können deine Sinne verstopfen und vernebeln. Nach der Reinigung kannst du dich um den Schutz kümmern. Es ist nicht immer nötig, ein riesiges Brimborium um die mediale Übertragung zu machen. Für den Anfang jedoch ist es zum einen für deine Einstimmung hilfreich und sichert dir zum anderen einen störungsfreien Empfang. Wenn du dein Energieskelett besser beherrschen kannst, kannst du dich quasi überall medial öffnen, sogar in einem vollen Bus. Ich channele sehr gern auch bei einer Zugfahrt, weil die monotone Bewegung und das Vorbeiziehen der Landschaft mich in eine angenehme leichte Trance bringen.

Vorbereitung und Schutz

Eine gute Vorbereitung sichert dir ein
störungsfreies mediales Erlebnis.

Wenn du einen medialen Kontakt herstellen willst, stelle zunächst immer sicher, dass deine Aura intakt und gereinigt ist, damit deine Botschaft ungestört durchgegeben werden kann und du nicht anfällig bist für störende Wesenheiten und niedere Energien. Mit einer starken und gereinigten Aura hast du bereits die beste Vorbereitung getroffen. Nutze hierfür die Übung aus dem Kapitel "Das Energieskelett reinigen, stärken und schützen" (Seite 175 ff.). Reinige dich von allen störenden Gedanken, zentriere dich und erde dich gut, so wie es im Kapitel "Erdung und Zentrierung" (Seite 178 f.) beschrieben wird!

Dann aktiviere deinen persönlichen Schutz. Hierzu kannst du ein kleines Ritual durchführen, deine persönlichen Schutzgeister um Hilfe bitten, Erzengel Michael anrufen oder auch die Energieübung vollziehen, die ich im Übungsteil im Kapitel "Schutz" (Seite 180 f.) beschreibe. Bitte um die höchste göttliche Führung und darum, dass nur gute und segensreiche Energien zu dir finden, die demjenigen, für den du den medialen Kontakt herstellst, Hilfe bringen. Wenn du mit höher energetischen Wesen channelst, sorgen diese in der Regel bereits für ausreichend Schutz und eine ungestörte Verbindung. Dann ist es nur noch wichtig für dich, dass du den Kontakt richtig adressierst und die hohen Wesen auch erkennen kannst.

Mit der Zeit wird dir das Herstellen eines Kontaktes ganz schnell und einfach gelingen, und für deinen Schutz wird dabei automatisch gesorgt. Solange du dir noch nicht sicher bist beim Erkennen der Geistwesen, denen du vertrauen kannst, solltest du aber sicherheitshalber die Schutzübungen anwenden.

Der Bewusstseinszustand während der Übertragung

Während des medialen Vorgangs befinden wir uns in einem veränderten Bewusstseinszustand.

An dieser Stelle möchte ich einiges über die für das mediale Empfangen notwendigen Bewusstseinszustände berichten. Wir befinden uns bei der medialen Übertragung in einem Schwingungszustand neben dem normalen Tagbewusstsein, mindestens in einem entspannten Zustand der Gedankenleere, in einer leichten Schwingungserhöhung unseres Energiekörpers oder in Trance.

Gedankenleere

Gedankenleere ist ein Zustand vollkommener Neutralität.

Allgemein kann man durchaus behaupten, dass unser Tagbewusstsein mit seinen vielen lauten Gedanken die Kommunikation mit der geistigen Welt versperrt. Um Botschaften empfangen zu können, müssen wir Platz machen für den Empfang aus anderen Ebenen und unser Tagbewusstsein muss ein Stück zur Seite treten. Dies geschieht häufig, wenn wir unseren Geist frei fließen lassen, wenn wir träumen oder tagträumen, völlig entspannt oder im Extremfall sogar in großer Not sind. Wir öffnen uns dabei für einen Bewusstseinszustand jenseits unserer Gedanken- und Verstandeswelt. In diesem Zustand gibt es kein Wollen oder Nichtwollen, keine Bewertungen und keine Erwartungen. Es ist in etwa so, als würden wir entspannt im Sitz eines Zuges lehnen, während wir die Aussicht genießen, die an uns vorbeigleitet. Wir sind ruhig und neutral, aber dennoch wach genug, um zu empfangen. Dieser Zustand der Gedankenleere ist die oberste Grundvoraussetzung für einen Channelempfang.

Außerdem sollte das Energieniveau des Mediums intakt sein, das heißt, seine Aura sollte stabil sein. Wenn das Medium selbst kaum Energie hat, kann es erstens diesen Zustand nicht lange ungestört aufrechterhalten und zweitens kann es die Frequenzen von höher energetischen Wesen nicht erfassen und übertragen.

Trance

Die Trance erleichtert den Übergang des
Bewusstseins in die geistige Welt.

Das Wort "Trance" kommt aus dem Altfranzösischen und bedeutet hinübergehen. Sie wird als schlafähnlicher Zustand mit einer Einschränkung des Tagbewusstseins beschrieben. Hierfür ist vermutlich der Einfluss des Zwischenhirns verantwortlich, durch welches die Aktivität der Großhirnrinde und damit das Tagbewusstsein blockiert werden. Ich würde die Trance als Intensitätssteigerung zur neutralen Entspannung betrachten, die ein Übergleiten in eine andere Bewusstseinsebene beinhaltet. Man kommt den geistigen Wesen damit quasi ein Stück weit entgegen in ihre Welt und lässt die ablenkenden Faktoren unserer Alltags- und Verstandeswelt zurück. Ich persönlich finde das für längere Channelings leichter aufrechtzuerhalten als neutrale Gedankenleere ohne Tranceeinfluss. Es ist jedoch nicht unbedingt nötig, in eine tiefe Trance zu gehen, um medial empfangen zu können.

Die meisten professionellen Medien gehen in Halbtrance oder in einen einfachen Zustand der Energieerhöhung. Sie wollen dadurch die Situation bis zu einem gewissen Grad kontrollieren, um ihre Klienten verantwortungsbewusst auffangen zu können. Besonders im Schamanismus gibt es hingegen auch viele Volltrancemedien, die sich ganz von der Wesenheit einnehmen lassen. Das kann mitunter sehr verwirrend für Außenstehende sein, weil währenddessen im Schamanen oft ein rapider Persönlichkeitswechsel zu beobachten ist. Tonlage, Sprache, Gestik und Umgangsweisen können sich dabei ohne Vorankündigung ändern. Das kann sehr intensiv und heftig werden und dazu führen, dass man letztendlich kein Wort versteht oder verängstigt ist. Als Laie sollte man sich nicht gleich an die Volltrance wagen, weil dies nichts anderes bedeutet, als dass man sich von einem Wesen für die Zeit der Trance besetzen lässt. Ungeübt kann das zu Schwierigkeiten führen – und sogar dazu, das Wesen vielleicht ohne Hilfe nicht mehr loszuwerden.

Schwingungsveränderungen

Während der Übertragung verändert sich
die Gehirntätigkeit in ihrer Frequenz.

Die für das Channeln notwendigen Bewusstseinszustände sind als nachweisbare Schwingungsveränderungen im Gehirn messbar. Sie sind keine bloße Einbildung, sie können jedoch durch die Vorstellungskraft sowie durch Auto- oder Fremdsuggestionen hervorgerufen werden. Man kann die Schwingungen als elektrische Aktivität im Gehirn messen und dabei Aufschluss über unseren Bewusstseinszustand erlangen.

Das, was wir als Alltagsbewusstsein bezeichnen, kann man als sogenannte Beta-Wellen messen, sie haben etwa eine Frequenz von dreizehn bis dreißig Hertz, also Schwingungen pro Sekunde. In diesem Zustand weisen wir eine normale, nach außen gerichtete Aufmerksamkeit und Wachheit auf. Bei leichter Entspannung und auch bei Visualisierungen sind Alpha-Wellen mit einer Frequenz von acht bis dreizehn Hertz messbar. Theta-Wellen mit einer Frequenz von vier bis acht Hertz weisen bereits auf tiefe Entspannung sowie meditative und hypnotische Zustände hin, und bei 0,5 bis vier Hertz befinden wir uns mit den Delta-Wellen bereits in tiefer Trance oder im Tiefschlaf.

Beim medialen Empfangen bewegen wir uns also mit unserer Hirntätigkeit in einem Frequenzspektrum zwischen 0,5 bis dreizehn Hertz und damit nicht im täglichen Alltagsbewusstsein. Wir fahren unseren Gedankenverkehr herunter und machen Platz für nicht-alltägliche Energien und Informationen. Es ist möglich, diese Bewusstseinszustände gezielt zu trainieren und zu erreichen. Mehr dazu erfährst du im Übungsteil in den Kapiteln "Erste Schritte für den richtigen Bewusstseinszustand" (Seite 165 ff.) und "In Trance gehen" (Seite 189 ff.).

Was ist noch zu beachten?

Halte dein Energiesystem so gesund und rein wie
möglich! Das erleichtert dir den medialen Prozess.

Schweres Essen und Schokolade

Unmittelbar vor einer medialen Übertragung solltest du schwe-
res Essen meiden. Channeln ist nicht nur eine Kopf- oder Gedan-
kentätigkeit. Während der Übertragung fließen feine und starke
Energien durch dich, und dein Körper sollte besser nicht mit Völ-
legefühl und Verdauung zu kämpfen haben, während dein Energiesystem feinstofflich beansprucht wird. Ein Marathonläufer
würde vor einem großen Lauf schließlich auch kein großes Mahl
zu sich nehmen.

Verschiedene Lebensmittel neigen besonders stark dazu, den
Energiefluss der oberen Chakren zu hemmen, Schokolade gehört
beispielsweise dazu. Ich nehme vor Channelings auch kein Fleisch
und keine fettigen Speisen zu mir, weil ich gemerkt habe, wie sehr
mich das beschwert und dass es mitunter sogar zu körperlichen
Schmerzen bei der Übertragung führen kann. Ich empfehle daher
leichte Kost und klare Getränke wie Wasser oder Tee einige Zeit
vor dem medialen Kontakt. So kann die geistige Welt am besten
mit dir arbeiten und durch dich wirken.

Ausreichend Schlaf

Zu wenig Schlaf führt zu Unausgeglichenheit, Unkonzentriertheit und einer geschwächten Aura – das gilt für das mediale Wirken
genauso wie für den Rest des Lebens. Achte daher auf genügend
gesunden Schlaf und versuche nicht, völlig unkonzentriert und
überlastet einen Kontakt herzustellen!

Alkohol

Alkohol macht die Aura durchlässig für die verschiedensten
Energien und macht dich anfällig für Wesenheiten, die sich andocken wollen. Zudem bringt es dein Energiesystem durcheinander
und verändert dein Bewusstsein unkontrolliert. Wenn du medial
oder energetisch arbeitest, verzichte bitte darauf! Dein Energiesystem wird es dir danken.

Zigaretten

Das Rauchen von Zigaretten schmälert die Sauerstoffzufuhr
im Gehirn und damit auch deine Konzentrations- und Leistungs-
fähigkeit. Entscheide selbst, ob du diese Beeinträchtigung in Kauf
nehmen möchtest oder nicht! Es ist keine Gefahr für den medialen
Prozess, aber eine Leistungsbeeinträchtigung.

Wahrnehmungsöffnungen durch Drogen

In vielen alten Kulturen sind berauschende rituelle Feste bekannt, in denen Alkohol und Drogen eingenommen wurden. Auch viele schamanische Traditionen nutzten und nutzen Rauschmittel, um sich mit der Geisterwelt in Verbindung zu bringen. In unserer heutigen Gesellschaft ist der Konsum von Drogen ebenfalls nichts Unbekanntes. Bei uns wird er aber zumeist für eine Form des Abenteuers oder der Weltflucht genutzt. Die meisten Konsumenten von halluzinogenen Rauschmitteln und anderen bewusstseinsverändernden Drogen sind sich jedoch nicht darüber bewusst, dass sie damit ihre Aura für die verschiedensten, zumeist niederen Geistwesen öffnen, und sie wissen noch weniger, wie man diese Öffnungen wieder schließt! So gibt es viele Besetzungen, die irgendwann als eigener Persönlichkeitsanteil wahrgenommen werden und in stärkeren Fällen sogar Psychosen und Wahnvorstellungen hervorrufen können. Spätestens wenn die Konsumenten an diesem Punkt angekommen sind, bereuen sie, jemals Drogen genommen zu haben, denn in den gängigen Psychiatrien weiß man sich oft nicht anders zu helfen, als dem mit beruhigenden Medikamenten entgegenzusteuern.

Ich habe viele aktive und ehemalige Drogenkonsumenten erlebt, in deren Aura es schlimmer zuging als auf einem Bahnhof. Ich kann nur jedem davon abraten, sein Bewusstsein auf diese unnatürliche Weise zu öffnen, denn es öffnet sich unkontrolliert und nicht entsprechend der inneren geistigen Entwicklung. Du kannst dich auch ohne Drogen in andere Bewusstseinsbereiche begeben. Das ist wesentlich gesünder für dich und andere Menschen in deinem Umfeld. Die Folgen der Drogeneinnahme bestehen nicht nur während, sondern auch nach dem Abklingen der ersten Wirkung. Du öffnest Kanäle und Schichten deiner Aura, die du ohne Hilfe in den meisten Fällen nicht wieder schließen kannst. Unterschätze diese Folgewirkungen also bitte nicht! Es hat einen Grund, warum in den meisten Mysterientraditionen das Bewusstsein gezielt geschult und für die Bewusstseinserweiterung trainiert wird.

Hilfsmittel und Werkzeuge

Ein Hilfsmittel unterstützt dabei, die Konzentration
gezielt auf die mediale Übertragung zu richten.

Einige Kollegen nutzen gern Hilfsmittel für ihre medialen Sitzungen. Hilfsmittel helfen dem Medium, sich auf seine Arbeit zu fokussieren. Sie erleichtern die Konzentration auf das mediale Empfangen und dienen oft auch als "Anschalter", um schnell und direkt in den für das Channeling nötigen Zustand zu kommen. Für viele Medien ist ihr Hilfsmittel das Signal zum "Onlinegehen". Es hat den gleichen Effekt wie ein Ritual, indem es das Medium auf seine Arbeit jenseits des normalen Alltagsbewusstseins einstimmt.

Bei den Hilfsmitteln handelt es sich oft um energetisch programmierte Gegenstände, und häufig werden sie durch ihren konstanten Gebrauch für immer denselben Bewusstseinszustand automatisch mit dieser Energie geladen. Die Arbeit mit einem Hilfsmittel kann also einerseits eine Art Konditionierung sein, um dem Bewusstsein zu signalisieren, dass jetzt ein tranceähnlicher sowie meditativ offener Bewusstseinszustand aktiviert werden soll, andererseits kann es auch ein kleiner "Glaubensbestärker" für das Medium sein oder ein programmiertes Hilfsmittel, das die Arbeit erleichtert, weil man viele kleine Informationen wie Schutz, Abgrenzung, meditative Leere, spirituelle Anbindung, Konzentration und Offenheit in eine kleine Geste beziehungsweise einen einzigen Gegenstand projizieren kann.

Ich persönlich nutze gerne eine weiße Kerze, um die Reinheit der Übertragung sicherzustellen und um mich einzustimmen. Sehr beliebt und mystisch sind auch Kristallkugeln, verschiedene Edelsteine, Amulette mit besonderer Bedeutung, Statuen von Göttern, Abbildungen von Heiligen, Engeln oder Aufgestiegenen Meistern, bewusstseinsöffnende und beruhigende Räucherungen, Glöckchen und Zimbeln, Wasserschalen und sogar Kristallschädel. Theoretisch kann man jeden Gegenstand als Hilfsmittel nutzen, einige sind mehr und andere weniger geeignet. Wenn du ein Hilfsmittel nutzen möchtest, nimm einen Gegenstand, der für dich keine alltägliche Bedeutung besitzt und der für dich ein Sinnbild für die geistige Welt ist, und nutze diesen Gegenstand möglichst nicht für andere Tätigkeiten als deine mediale Arbeit – dann kann er seine Wirkung optimal entfalten.

Um dir auch hier einen kleinen Einblick zu geben, möchte ich dir an dieser Stelle als Beispiel von der Arbeit einer Kollegin berichten, die gern mit der Kristallkugel arbeitet. Meine Kollegin ist von Kind an hellsichtig und hellfühlig. Wie viele mediale Menschen war sie davon einerseits fasziniert und andererseits hat auch sie ihre Gabe oft als Belastung empfunden. Sie hat bewusst mit der Kristallkugel ihr Unterbewusstsein trainiert, um die Hellsicht und die geistigen Botschaften kontrolliert und klar in gewollten Sitzungen zu aktivieren, anstatt immer wieder, wie zu Beginn, zu erleben, dass diese ungewollt in ihr Alltagsleben eindrangen.

Wenn sie mit der Kristallkugel arbeitet, berührt sie mit ihren Händen die Kugel und geht dabei automatisch in den Zustand der für das mediale Arbeiten förderlichen meditativen geistigen Leere. Dadurch ist sie frei von eigenen Gedanken und Emotionen und offen für die mediale Übertragung. Ganz unmittelbar folgen dann auch schon die Kontakte, Botschaften und Bilder, die sie über das Dritte Auge wahrnimmt. Prinzipiell ist es auch möglich, die Bilder als Projektion in oder hinter der Kugel zu sehen, allerdings ist dies energieaufwendiger und nicht nötig. Die Kugel ist für sie wie "An-Knopf" und "Senderwahl" zugleich. Mit ihr gelangt sie von einem Moment zum anderen in den notwendigen Bewusstseinszustand, und mithilfe der Kugel kann sie sowohl die Sicht als auch den Blickwinkel auf die Visionen steuern. Dazu dreht sie beispielsweise die Hände entlang der Kugel und kann dabei von der Vergangenheit bis in die Zukunft blicken oder auch eine Situation detaillierter betrachten.

Außer bei Jenseitskontakten wendet sie sich keinem speziellen Geistwesen zu, sondern öffnet sich vertrauensvoll der geistigen Welt allgemein. Sie beschreibt ihren Klienten die Botschaften, die dabei auf sie einfließen. Das können Bilder, Informationen, Stimmungen, Gefühle und Gerüche sein. Auch Temperaturänderungen an den Händen nimmt sie bei den Übertragungen wahr.

Einsteigern empfiehlt sie durchaus, Hilfsmittel für den medialen Prozess zu nutzen, da sie dabei unterstützen können, die Aufmerksamkeit bewusst in die richtige Richtung zu bewegen.

Übungen für die Medialität

Erste Schritte für den richtigen Bewusstseinszustand

Durch Atmung, Meditation und Visualisation
kannst du mediale Zustände erreichen.

Um deine Sinne zu öffnen und in den für das mediale Wirken richtigen Bewusstseinszustand zu gelangen, führe bitte die folgenden Übungen durch. Sie sind eine Grundvoraussetzung für das mediale Wirken. Vielleicht machst du sie bereits ganz natürlich von selbst und hast bereits Erfahrung mit Entspannung, Meditation und Visualisation. Dann kannst du sie überspringen. Wenn das nicht der Fall ist, sind die folgenden Übungen ein guter Einstieg für dich, um in die richtige Energie zu kommen.

Die Atmung

Mit dem Atem kannst du deinen Bewusstseinszustand
gezielt beeinflussen.

Atem ist Leben. Mit jedem Atemzug erhältst du Lebensenergie
und deine Körperzellen werden belebt und mit lebenswichtigem
Sauerstoff versorgt. Auch die kosmische Energie kannst du mit
dem Atem aufnehmen und damit dein Energieniveau anheben.
Die Art, wie du atmest, hat einen entscheidenden Einfluss auf deinen Entspannungszustand. Außerdem kannst du in Verbindung
mit dem Atem leichter Gedanken loslassen oder einen anderen
Bewusstseinszustand erreichen.

Den Atem fließen lassen

Wenn du in Meditation oder Trance gehen willst, ist es zunächst
wichtig, dass du den Atem nutzt, um in einen entspannten Zustand
zu gelangen. Atme hierfür tief und gleichmäßig und beobachte,
wie dein Atem durch deinen Körper fließt. Atme gleichmäßig ein
und aus und lasse den Atem in deinem Körper auf und ab fließen,
genauso wie das Wasser sich bei Ebbe und Flut bewegt. Lass dich
ganz in das Fließen deiner Atmung fallen ... Spüre, wie dich das
entspannt. Fühle, dass du gar nichts dafür tun musst. Es atmet
dich ganz von selbst.

Den Atem bewusst anhalten

Wenn du nun in einen tieferen meditativen Zustand gelangen
willst, atme tief ein und aus und halte dann den Atem im gleichen
Intervall an, in dem du ein- und ausgeatmet hast. Atme zum
Beispiel drei Sekunden lang tief ein, drei Sekunden lang tief aus
und halte anschließend deinen Atem drei Sekunden lang an! Wie-

derhole dies mehrmals, bis du den gewünschten Zustand erreichst. Nun bist du optimal vorbereitet.

Wenn du nach einer Meditation oder einer Trance wieder in einen aktiveren Zustand gelangen willst, kannst du im Anschluss folgende Atemübung machen. Atme tief ein, halte den Atem im gleichen Intervall an und atme danach in gleicher Atemlänge aus. Atme also zum Beispiel drei Sekunden lang ein, halte deinen Atem dann drei Sekunden lang an und atme anschließend drei Sekunden lang aus! Wiederhole auch das und beobachte, wie deine Energie wieder nach oben steigt!

Entspannung

Entspannung steigert dein Wohlbefinden und ist der erste Schritt auf dem Weg zum medialen Grundzustand.

Es ist wichtig, möglichst unverkrampft an ein Channeling oder andere mediale Aktivitäten heranzugehen. Entspannungsmethoden wie das autogene Training und die progressive Muskelrelaxation können dir helfen, in den gewünschten entspannten Zustand zu gelangen. Außerdem erleichtern sie dir den Einstieg in Meditation und Trance. Literatur und Trainingseinheiten dazu werden fast überall angeboten, da sie auch zur Stresslinderung und Burn-out-Prävention angewendet werden. Man kann diese einfachen Techniken sehr leicht erlernen.

Beim autogenen Training übst du, dich durch Suggestionen in einen entspannten Zustand zu bewegen. Du gibst beispielsweise deinem Körper die Anweisung und Information, angenehm warm, schwer und entspannt zu sein, und lernst mithilfe deines Geistes, deinen Körper zu entspannen. Teile des autogenen Trainings findest du als Einstieg zur Entspannung in den folgenden Meditationen und Übungen wieder.

Die progressive Muskelrelaxation ist eine Technik, die hauptsächlich über Muskelbewegungen zu einem entspannten Zustand führt. Hierfür werden bestimmte Muskelgruppen gezielt für einen Moment angespannt und danach wieder entspannt. Auf diese Weise ist die Entspannung bewusst fühlbar. Du kannst es selbst ausprobieren, indem du von oben nach unten deinen Körper hinabwanderst und die einzelnen Muskelgruppen für einige Minuten anspannst und danach wieder entspannst. Auch für die progressive Muskelrelaxation werden Literatur und Kurse angeboten.

Meditation

Die Meditation öffnet dich für das mediale Empfangen.

Der meditative Zustand ist sehr gut geeignet, um in einen medialen Kontakt zu gehen. Er öffnet das Bewusstsein für die geistige Welt und hebt dich aus deiner Alltagsebene mit all ihren Sorgen und Problemen heraus, so dass du ein geeignetes Gefäß für eine Übertragung sein kannst. Die ersten Jahre meines Studiums der außersinnlichen Phänomene und Techniken habe ich immer gedacht, ich könne nicht meditieren, weil es mir nicht gelang, mich darauf zu konzentrieren, an nichts zu denken! Bis mir auffiel, dass Gedankenleere, wenn man sich darauf konzentriert, kaum zu erreichen ist, weil man sich gerade dadurch erst recht auf Gedanken konzentriert. Du hast sicher schon einmal den Spruch gehört: "Denke nicht an einen weißen Elefanten!" Na ... an was denkst du? Nimm dir nicht vor, an nichts zu denken. Du kannst viel leichter in den offenen Zustand gelangen, wenn du dich auf etwas konzentrierst, zum Beispiel auf einen Punkt, ein Chakra, auf den Fluss deines Atems oder auf eine imaginäre Landschaft. Damit beschäftigst du deinen Verstand und dein Bewusstsein kann sich leichter entspannen.

Im Folgenden beschreibe ich dir eine leichte Meditations-
übung, die dich in einen für das mediale Wirken geeigneten Zustand bringt.

*Suche dir einen ruhigen Ort, an dem du nicht gestört
oder abgelenkt wirst, und setze oder lege dich bequem
hin. Schnalle deinen Gürtel lockerer oder öffne zu eng
anliegende Kleidung. Du willst dich jetzt wohlfühlen.
Niemand sieht zu, wie du dabei aussiehst. Das Einzige,
was jetzt wichtig ist, ist, dass du dich richtig gut entspannen kannst ...*

*Jetzt konzentriere dich auf deinen Atem ... Atme tief
und gleichmäßig ein und aus ... Ein und aus ... Ein und
aus ... Alle Sorgen und Gedanken fallen einfach von dir
ab ... Sie ziehen fort, wie die Wolken im Wind ... Und
du atmest immer weiter tief ein und aus ... Mit jedem
Atemzug gleitest du immer tiefer in deine wohlige Entspannung ... Du bist ganz entspannt und beschützt ...
Dein Atem fließt wie von selbst und du bist wunderbar
entspannt ... Jedes Geräusch, das jetzt noch zu dir vor-
dringt, verstärkt nur deine Entspannung ... Du atmest
tief und gleichmäßig ... Ein und aus ... Du bist nun
bereit für deine mediale Erfahrung ... Du freust dich
schon darauf, dass du gleich in Kontakt mit der geistigen
Welt trittst ...*

Jetzt kannst du eine der folgenden Übungen ausprobieren.

Visualisation

Visualisation ist das Projizieren von geistigen Bildern.

Etwas zu visualisieren bedeutet, sich innere Bilder vor dem geistigen Auge vorstellen oder erschaffen zu können. Es ist eine sehr wirkungsvolle Technik, die dir bei den meisten meiner Übungen begegnen wird und die dir das Hellsehen erleichtern wird. Die Visualisation wird körperlich mit der Zirbeldrüse in Verbindung gebracht. Diese tief im Gehirn sitzende Drüse ist bei den meisten Menschen etwa erbsengroß. Es gibt Vermutungen, dass sie einst größer war. Körperlich steuert sie Prozesse wie den Schlaf-Wach-Rhythmus und die Sexualentwicklung. Sie ist in ihrem Aufbau und ihrer Struktur einem Auge ähnlich und besitzt Lichtrezeptoren, mit denen sie Licht auch tatsächlich wahrnehmen kann. Außer dem Hormon Melatonin reguliert sie interessanterweise auch die Abgabe von DMT, einem halluzinogenen Neurotransmitter, der hauptsächlich im Schlaf, bei der Meditation oder bei Nahtoderfahrungen ausgeschüttet wird.

Einige Mediziner betrachten sie nur als ein zurückgebildetes Auge. Doch inzwischen gibt es auch viele Forscher, die ihr eine größere Funktion zuschreiben, die den Schilderungen alter mystischer Weisheitslehren näher kommt. So wurde sie in der vedischen Lehre als Drittes Auge dargestellt, mit dem man in der Lage ist, spirituelle Erkenntnis und Weitsicht zu erlangen, in der chinesischen Tradition ist von ihr als Himmelsauge zu lesen und im Hinduismus wird sie als Fenster des Brahma beschrieben. Da in Forschungen bei mentalen Tätigkeiten wie Meditation und Visualisation eine vermehrte Aktivität der Zirbeldrüse beobachtet werden konnte, ist man inzwischen offener dafür, die Zirbeldrüse als eine Art Fenster zur außersinnlichen Wahrnehmung anzuerkennen. So viel zur Theorie. Kommen wir jetzt zum Aktivieren und Anwenden deiner visuellen Kräfte ...

*Setze oder stelle dich dazu aufrecht hin und achte dabei
für einen besseren Energiefluss darauf, weder deine Arme
noch deine Beine zu überkreuzen. Schließe deine Augen,
nimm ein paar tiefe Atemzüge und entspanne dich ...
Atme nun weißes kosmisches Licht durch dein Kronenchakra auf deiner Schädeldecke beziehungsweise durch
die Fontanelle in deinen Kopf und stelle dir vor, du würdest dort, etwa in der Mitte deines Kopfes, deine Zirbeldrüse mit hellblauem Licht zum Leuchten bringen ...*

Kannst du dir das vorstellen? Wenn ja, dann visualisierst du
bereits und du aktivierst zugleich dein Drittes Auge. Die meisten
Menschen sind eher visuell veranlagt und können sich leicht etwas
vor ihrem inneren Auge vorstellen. Wenn du nicht dazugehörst
oder dich vielleicht verspannst, weil du zu viel von dir und deinem
Visualisationserlebnis erwartest, möchte ich dir eine kleine ent-
krampfende Unterstützung anbieten.

Ich habe die Erfahrung gemacht, dass viele Teilnehmer meiner
Kurse sich bei der Erschaffung oder der Wahrnehmung innerer
Bilder verkrampfen, weil sie dabei auf ihre Erfahrung des normalen
Sehvorganges konzentriert sind. Wenn ich sie aber bitte, sich an
einen für sie besonderen Ort oder einen geliebten Menschen zu
erinnern, können sie diesen genau beschreiben. Wenn du auch dazugehörst, dann übe dich im Erinnern! Erinnere dich an einen
schönen Urlaubsort, einen Strand oder das Meer! Wie sieht es
dort aus? Welche Farben sind dort vorherrschend? Was ist besonders
markant? Oder denke an deinen Lieblingsbaum. Siehst du ihn?

Wenn das nicht klappt, dann übe, indem du dir einen schönen
Gegenstand suchst und ihn vor dir aufstellst. Vielleicht nimmst
du auch eine Blume. Stelle sie in einem Mindestabstand von etwa
fünfzig Zentimetern vor dir auf und betrachte sie. Betrachte sie
ganz genau und achte auf jedes Detail! Wie ist ihre Farbe? Wie ist

ihre Blüte beschaffen? Ist sie eher feingliedrig und zart oder kräftig? Trägt sie viele kleine Blütenblätter oder eher wenige große? Sind die Blütenblätter eher spitz oder rund und geschwungen? Dann schließe deine Augen und versuche dich zu erinnern, wie die Blume ausgesehen hat! Auf diese Weise kannst du deine Visualisationskraft trainieren.

Das gleiche Areal in deinem Kopf, in dem du Erinnerungen wie diese bildhaft vor dein geistiges Auge ziehen kannst, ist der Ort, an dem du visualisieren und medial sehen kannst. Designer, Künstler und Erfinder sehen und erschaffen ihre Werke zunächst vor ihrem geistigen Auge. Die Kraft der Visualisation ist so wunderbar stark! Wenn du etwas vor deinem inneren Auge erschaffen kannst, erleichterst du dir nicht nur die Möglichkeit des bildhaften medialen Wahrnehmens, sondern hast auch gute Chancen, deine Vorstellungen Wirklichkeit werden zu lassen. Denn die Visualisation ist zutiefst schöpferisch.

Die Intuition stärken

Höre auf dein Bauchgefühl! Es täuscht dich nicht.

Um deine Intuition zu trainieren, ist es wichtig, dass du zunächst versuchst, dich zu entspannen. Atme ein paar tiefe Atemzüge ein und aus und stelle oder setze dich bequem hin, möglichst ohne die Arme oder Beine zu überkreuzen. Dein Brust- und Bauchbereich sollte für ein freies, ungehindertes Atmen offen sein! Denke nun an einen schönen und erholsamen Ort und spüre, wie sich dein Körper dabei anfühlt! Er sollte sich in der Regel ungezwungen und entspannt anfühlen, wenn du keine weiteren Beschwerden hast. Dann konzentriere dich auf etwas, dass dir großes Unbehagen bereitet – vielleicht die Vorstellung, auf eine Person zu treffen, die du als schrecklich empfindest und in deren Nähe du dich mit Sicherheit unwohl fühlen würdest. Oder du denkst an eine Tätigkeit, vor der es dir graust und die du absolut ungern ausüben würdest. Wie fühlst du dich jetzt bei diesen Vorstellungen? Wie fühlt sich dein Bauch an? Zieht er sich zusammen und sticht vielleicht sogar, oder wird dir etwas übel? Hast du ein beklemmendes Gefühl im Brustbereich? Spürst du Unbehagen oder etwas Wut in deinem Bauch aufkommen? Merke dir diese Gefühle! Sie sind dein Intuitionsbarometer.

Mache diese Übung mit verschiedenen für dich positiven und negativen Vorstellungen und beobachte dabei, was du spürst und wie du dich dabei fühlst! Auf diese Weise bekommst du ein Gespür für deine körperlichen Intuitivreaktionen und kannst sie auch für aktuelle und zukünftige Themen und Entscheidungen nutzen.

Viele kennen dieses unspezifische mulmige oder komische Gefühl, das ein Zeichen unseres intuitiven Vorwarnsystems ist. Oftmals denkt man dann später, wenn man dieses Gefühl ignoriert hat: "Hätte ich doch bloß auf meine Intuition gehört! Ich hatte noch so ein Bauchgefühl ..."

Gehöre von nun an nicht mehr zu den Menschen, die ihre Intuition überhören, sondern beginne damit, auf dein Bauchgefühl zu achten! So kannst du achtsam und wohlbehalten deinen Weg gehen, und je mehr du deine Intuition beachtest, desto deutlicher und schneller meldet sie sich zu Wort. Je häufiger du also deinen Körper auf intuitive Wahrnehmungen abfragst, desto stärker wird deine Intuition – und schon bald wirst du ganz leicht wissen, wann dir deine Intuition Gewissheit oder eine Warnung übermittelt. Eine gut entwickelte Intuition kann im Laufe der Zeit immer spezifischer und detaillierter für dich wirken. Sie kann dich an den richtigen Urlaubsort, den richtigen Arbeitsplatz oder für eine wichtige Begegnung zur rechten Zeit an den richtigen Ort führen. Es ist alles eine Frage der Übung. Und es lohnt sich, denn du hast für dich zu sorgen und musst wissen, was gut für dich ist.

Das Energieskelett reinigen, stärken und schützen

Stärke deine Aura regelmäßig mit strahlender Energie.

Um optimal auf eine mediale Aktivität vorbereitet zu sein, ist es, wie bereits erwähnt, sehr wichtig, ein gereinigtes und klares Energiefeld zu haben, da sich in ihm gedankliche und emotionale Blockaden ansammeln können, die den medialen Prozess stören oder beeinflussen könnten. Die im Folgenden beschriebene Meditation hilft dir dabei, dein Energiefeld zu klären, zu stärken und zu schützen. Du kannst sie am Tag der medialen Übertragung machen oder auch regelmäßig, um dich vital und klar zu fühlen. Die Übung reinigt dich vom Ballast des Alltags und stärkt dein Energiefeld auf eine Weise, die es dir ganz leichtmacht, deine spirituellen und medialen Fähigkeiten zu öffnen und zu erweitern.

Schließe dazu deine Augen und entspanne dich ... Atme tief ein und aus und lass alle Sorgen und Gedanken los, die dich jetzt noch beschäftigen ... Atme tief und gleichmäßig ... Ein und aus, ein und aus ... Mit jedem Atemzug gleitest du immer tiefer in deine wohlige Entspannung ... Stelle dir nun vor, wie du durch dein Kronenchakra in der Mitte deiner Schädeldecke weißes kosmisches Licht in deinen Körper hineinatmest, und lasse dieses Licht entlang deiner Wirbelsäule deinen Körper hinabfließen, bis es dein Wurzelchakra im Steißbeinbereich erreicht hat ... Nun, da der Lichtstrahl dein Wurzelchakra erreicht hat, schenkt er diesem Chakra Energie und lässt es rubinrot leuchten ... Atme weiter weißes Licht über deine Schädeldecke ein und lade dein Wurzelchakra mit der rubinroten, strahlenden Lichtenergie auf ... Ein roter Lichtstrahl darf von dort aus zur Erde wachsen und sich mit ihrem Mittelpunkt verbinden ... Atme weiter über dein Kronenchakra weißes kosmisches Licht ein und lade dein Sexualchakra in der Mitte deines Unterbauchs mit warmem orangenem Licht auf, bis es orange strahlt ... Dann atme weiter und lenke das weiße Licht in dein Sonnengeflecht, wo es dein Chakra sonnengelb zum Strahlen bringt ... Atme weiter über dein Kronenchakra Licht in deinen Körper und bringe damit dein Herzchakra in der Mitte deines Brustbereiches in leuchtendem Smaragdgrün zum Strahlen ... Mit den nächsten Atemzügen lädst du dein Halschakra im Kehlkopfbereich mit klarem, strahlend blauem Licht auf ... Atme weiter und bringe dein Drittes Auge im unteren Bereich deiner Stirnmitte mit indigoblauem Licht zum Leuchten ... Es ist ein tiefes, strahlendes Blauviolett, das dieses Chakra der Medialität stärkt ... Als Letztes lade dein Kronenchakra mit strahlendem violettem Licht auf ...

Jetzt stelle dir vor, wie eine Dusche aus weißem Licht deine Aura reinigt und sie von überschüssigem Unrat befreit ... Wenn die Reinigung abgeschlossen ist, lass das Licht wieder sanft und weich werden und deine Aura auffüllen ... Das weiße Licht enthält alle sieben Farben des Spektrums und lädt deine Aura optimal auf ... Stelle dir jetzt vor, wie das weiße Licht eine runde oder eiförmige Hülle um deine Aura bildet, die dich nun schützend umgibt ... Zuletzt legt sich ein schützender feiner blauer Mantel darum, der deine Aura wie Sternenstaub versiegelt ...

Du bist nun optimal gereinigt, gestärkt und geschützt, um deine Aufgabe als Medium zu erfüllen und um dich klar und wohlzufühlen. Komme jetzt langsam wieder zurück ins Tagbewusstsein, öffne deine Augen und räkle und strecke dich!

Erdung und Zentrierung

Verankere dich tief in der Erde und
sei ganz in deiner Mitte!

Die folgende Übung ist eine einfache und dennoch sehr wichtige Ausrichtung, die im Zusammenhang mit medialem Wirken aber auch im täglichen Leben sehr hilfreich ist und regelmäßig angewendet werden sollte.

Setze dich dazu aufrecht und bequem hin, atme ein paar tiefe Atemzüge lang alle Last und alles Alltägliche aus und entspanne dich ... Dein Rücken und dein Kopf-Halsbereich sollten ganz unverkrampft gerade ausgerichtet sein ... Du kannst dir hierbei vorstellen, dass dein Kopf von einem seidenen Faden ganz leicht nach oben gezogen wird ... Atme tief und gleichmäßig ... Lass deinen Atem durch deinen Körper strömen ... Stelle dir dabei vor, wie du weißes, kosmisches Licht durch dein Kronenchakra in der Mitte deiner Schädeldecke einatmest und wie sich dieses Licht bei jedem Ausatmen in deinem Körper verteilt, bis es dich ganz erfüllt ... Alles, was keinen Platz mehr in dir hat, angestaute Energien von Sorgen, Zweifeln oder Druck, darf über deine Füße ins Erdreich abfließen, wo es umgewandelt und gereinigt wird ... Lass jetzt in deiner Vorstellung Wurzeln aus deinen Füßen bis tief ins Erdreich hinein wachsen ... Sie geben dir Halt und versorgen dich mit der stützenden Energie der Erde ... Wenn du nun deinen Körper mit Licht gefüllt und dich von alten Energien gereinigt hast, atme weiter das kosmische Licht ein und lass es in Höhe deines Solarplexus zu einer goldgelben Kugel anwachsen ... Mit jedem Atemzug darf es sich mehr ausdehnen, bis es deinen Körper ganz einhüllt ... Nimm nun im Zentrum deiner Kugel deine Präsenz wahr ... Fühle dich wohl und sicher in deiner Mitte. Sei ganz bei dir ... Du bist jetzt bereit für die mediale Arbeit ...

Als positive Nebenwirkung wirst du durch diese Übung viel mehr mit deiner Kraft verbunden, lässt dich nicht so schnell aus dem Gleichgewicht bringen und kannst in deinem täglichen Leben selbstbewusstere Entscheidungen treffen. Du siehst, es lohnt sich, diese einfache Übung durchzuführen!

Schutz

Schütze deine Aura vor störenden Energien!

Solltest du die vollständige Chakraübung zeitlich nicht direkt vor dem medialen Kontakt durchführen können, dann ist es hilfreich, die folgende kurze Schutzübung zu machen, um dich von störenden Einflüssen abzugrenzen.

Sammle dich noch einmal und nimm ein paar tiefe Atemzüge, bei denen du mit dem Ausatmen allen Unrat und die verbrauchte Energien über deine Füße ausleitest ... Beim Einatmen fülle dich mit dem höchsten göttlichen Licht ... Atme das weiße Licht über dein Kronenchakra auf dem Scheitel deines Kopfes in deinen Körper und lade deinen Körper damit auf ... Dann lass eine Lichtkugel in deinem Solarplexus entstehen, die immer größer wird und wächst, bis sie deine Aura vollständig ausfüllt ... Stelle dir dabei vor, du stehst in einer vollkommenen Lichtkugel ... Wenn deine Lichtkugel stark genug ist, visualisiere einen blauen Schutzschleier, der sich außen über die Kugel legt und der alle störenden und negativen Energien von dir fernhält ... Bitte dabei zusätzlich um den Schutz und Segen eines Geistwesens, wenn du es wünschst ... Mache dir bewusst, dass du nun vollkommen geschützt bist ...

Wenn dir diese Visualisierungsübungen schwerfallen, kannst du auch eine gute Räucherung oder ein Räucherstäbchen verwenden und mit dem Rauch einen Schutzkreis um dich in deinem Raum ziehen. Hierzu eignen sich besonders gut Salbei, Sandelholz und Weihrauch.

Als ich zu Beginn meiner Tätigkeit noch den hinteren Raum einer Buchhandlung für meine Sitzungen angemietet hatte, habe ich zunächst immer den Raum gereinigt und einen Schutz aufgebaut, da der Raum auch von anderen genutzt wurde und dementsprechend immer wieder verschiedene Energien in ihm lagen, die ich für meine Sitzung nicht im Raum behalten wollte. Der Besitzer des Buchladens hat sich darüber sehr gefreut. Es kam ihm vor, als würde der Raum von Mal zu Mal immer heller werden, und er fühlte sich dann besonders wohl darin. Wenn du das für dich erreichen kannst, steht einem angenehmen konstruktiven Channeling nichts im Weg. Du kannst dich dann vollkommen auf die Übertragung konzentrieren und hast störende Einflüsse von vorneherein ausgegrenzt.

Einschalten – ausschalten

Das Öffnen für den medialen Empfang ist genauso wichtig wie das Schließen!

Wenn du eine mediale Übertragung machen möchtest, ist es, wie bereits mehrfach erwähnt, wichtig, dass du dich dafür von allen störenden Gedanken befreist. Abseits von allen Alltagsgedanken solltest du dein Bewusstsein anheben und öffnen und dies der geistigen Welt signalisieren. Es gibt dafür viele verschiedene Möglichkeiten. Sinnvoll ist es, wenn du dich in Meditation oder in Trance begibst und dich auf die Öffnung einstellst. Die folgende Übung hilft dir dabei.

Setze dich möglichst gerade hin, ohne dabei die Arme oder Beine zu überkreuzen ... Gähne ein paar Mal, das öffnet dein Kehlchakra. Nimm ein paar tiefe Atemzüge, bei denen du dich beim Ausatmen auf das Loslassen deiner Alltagsgedanken konzentrierst und beim Einatmen auf das Öffnen für die feinen Schwingungen der geistigen Welt ... Atme dann in jene Chakren weißes, kosmisches Licht, die du bei der medialen Übertragung besonders aktivieren möchtest ... Atme zum Beispiel in das Kehlchakra zum Hellhören, in das Dritte Auge für das Hellsehen, in das Herzchakra für hellfühlige Eingaben und in das Kronenchakra für die direkten Eingaben aus der geistigen Welt ... Jetzt kannst du wählen, welche

Bilder und Vorstellungen dir am liebsten sind und welche dir am besten liegen ... Du kannst dir vorstellen, wie dein Kronenchakra sich wie ein großer Kelch oder wie eine Lotosblüte nach oben hin öffnet oder wie eine Satellitenschüssel auf Empfang geht ... Du kannst dir auch einen Ein- und Ausschalter in der Mitte deines Kopfes vorstellen, den du umschaltest, wenn du auf Empfang gehen willst ... Oder du stellst dir vor, dein Drittes Auge wäre wie die Blende einer Kamera, die sich öffnet, damit du deine Bilder empfangen kannst ...

Weniger technisch und sehr beliebt sind auch das Gebet und die Anrufung. Dabei stellst du dich auf das Geistwesen ein, zu dem du Kontakt herstellen willst, und bittest es um Antwort und Führung. Du kannst auch ein ganz eigenes kleines Ritual entwickeln, mit dem du deinem Bewusstsein signalisierst, dass du jetzt in eine mediale Übertragung gehen willst. Geeignet hierfür ist zum Beispiel das Anzünden von Kerzen oder das Verwenden eines anderen Hilfsmittels (siehe das Kapitel "Hilfsmittel und Werkzeuge", Seite 162 ff.).

Unterstützend wirkt es, wenn du dabei immer den gleichen Ablauf wählst, dasselbe Hilfsmittel oder denselben Kerzenständer. So kann sich dein Bewusstsein leicht an den Ablauf gewöhnen und bringt ihn sowie deine Hilfsmittel automatisch mit deiner medialen Öffnung in Verbindung. Das Ein- und Ausschalten für den gewünschten medialen Zustand ist dann ein automatischer Vorgang, wie das Öffnen und Schließen einer Tür.

Auch das Herbeiführen eines Trancezustandes ist eine klare Öffnung. Wenn du immer geübter darin bist, deinen Trancezustand zu aktivieren, erreichst du ihn in Windeseile und deine Entscheidung "Ich bin jetzt in Trance und empfangsbereit!" reicht dann völlig aus, um umgehend mit der Übertragung zu beginnen. Wie du in Trance gehen kannst, erfährst du im Kapitel "In Trance gehen" (Seite 189 ff.).

Es gibt Lehren, die empfehlen, sich über das Kronenchakra aus dem Körper hinauszubewegen, um für die geistige Welt offen zu sein. Ich empfehle das nicht. Du verlierst dabei die Erdung und es ist auch gar nicht nötig. Zudem: Wenn du deine Erdung verlierst, kannst du die Botschaften oft nicht mit in dein Tagbewusstsein nehmen und nichts mit ihnen anfangen. Das ist schade, denn wem nützen deine spirituellen Erfahrungen, wenn du nichts mit ihnen anfangen kannst?

Genauso wichtig wie das Herbeiführen des geöffneten Zustandes ist auch das Ausschalten! Schließe die Blende in deinem Dritten Auge wieder oder lege den Schalter wieder um, fahre den Kelch deines Kronenchakras zurück oder lass die Blüte sich wieder schließen! Wenn du ein Hilfsmittel genutzt hast, lege es wieder weg, puste die Kerze aus und bedanke dich bei deinem Geistwesen für seine Anwesenheit und seine Botschaft. Damit ist in der Regel auch die Verbindung beendet, ähnlich wie bei einem Telefonat, bei dem man sich verabschiedet und den Hörer auflegt. Es ist nicht sehr sinnvoll, die "Leitung" unkontrolliert offen zu halten und mit geöffneter Aura durch sein alltägliches Leben zu wandeln. Die Energien und Informationen, die du dir dabei einfängst, sind nicht immer von Vorteil und du hättest ständig damit zu tun, deine Aura von fremden Energien zu reinigen. Abgesehen davon ist das mediale Offensein beispielsweise insbesondere im Straßenverkehr unglaublich fahrlässig. Wenn du mit hohen Geistwesen channelst, sorgen diese normalerweise jedoch immer dafür, dass du rechtzeitig mit der Übertragung aufhörst, damit es nicht zu anstrengend für dich wird. Sie ziehen sich dann aus deinem Energiekörper zurück, so dass du wieder Raum für dich als Mensch hast. Es ist wichtig, dass du klar zurück in dein Tagbewusstsein gehst, denn hier wird ein waches Bewusstsein gefordert! Wenn du nicht richtig im Hier und Jetzt bist, kannst du Schwierigkeiten in der Bewältigung deines Alltags bekommen. Also denke daran, den Kanal immer auszuschalten und wieder ganz präsent in dir zu sein!

Die Abgrenzung von fremden Gefühlen und Energien

Trenne alle Energien und Gefühle,
die nicht zu dir gehören, von dir ab!

Von fremden Energien und Gefühlen, die dich belasten könnten, solltest du dich möglichst schon vor und natürlich auch nach der Übertragung abgrenzen. Durch deine mediale Entwicklung und die Öffnung deiner feineren Wahrnehmung, deiner Sinne und deiner Chakren läufst du auch Gefahr, fremde Gefühle und Informationen in deine Aura zu lassen. Der beste Weg, dem vorzubeugen, ist natürlich ein gut trainierter mentaler Schutz. Du solltest möglichst nicht vergessen, ihn vor der medialen Übertragung zu aktivieren, insbesondere dann, wenn du für andere Menschen channeln willst, denn sonst kannst du dich hinterher sehr leicht ausgelaugt fühlen. Auch die Gefühle und Wünsche der Fragesteller könnten zu massiv in die mediale Übertragung eindringen, wenn du es beispielsweise mit Menschen zu tun hast, die so sehr auf eine bestimmte Antwort aus sind, dass es aufgrund ihrer starken Gedanken für dich schwer sein kann, dich vollkommen auf den Channelvorgang zu konzentrieren.

Du kannst bereits vor dem Empfangen der Botschaften deine geistige Unterstützung darum bitten, dass nur positive und für dich und deinen Fragesteller hilfreiche Informationen aus den höchsten lichtvollen Ebenen zu dir vordringen. Womit du dich nicht wohlfühlst, das solltest du auch nicht ertragen! Die Trauer, die Erlebnisse, die du eventuell mitfühlst, der Schmerz, die Verzweiflung oder andere Gefühle von Fragestellern oder auch von Verstorbenen solltest du nicht in dir belassen! Stelle dir vor, wie nach der Übertragung alle fremden Gefühle von dir abfallen, oder bitte ein Geistwesen wie zum Beispiel Erzengel Michael darum, diese Gefühle von dir zu nehmen! Und vor allem: Nimm dich selbst wahr mit deinen typischen Eigenschaften! So hast du deine Präsenz wieder in deinem Körper.

Ich erinnere mich, dass ich zu Beginn meiner stärkeren Hellfühligkeitsphasen große Probleme hatte, mich im Umfeld von anderen Menschen überhaupt noch selbst zu fühlen. Ich lernte, je besser man sich selbst kennt und sich auf seine persönlichen Eigenschaften konzentriert, desto schneller ist man wieder Meister der Lage. Frei nach dem Grundsatz "Wo ein Körper ist, kann kein zweiter sein" beschloss ich damals, wieder selbst in mir präsent zu sein. Und es funktioniert. Schließe nach der medialen Übertragung alle offenen "Leitungen", wie ich es auch im Kapitel "Einschalten – ausschalten" (Seite 182 ff.) beschrieben habe! Schließe deine Aura, indem du dir vorstellst, wie sie vollkommen und fest deinen Körper umgibt! Erde dich und konzentriere dich im Anschluss an dein mediales Wirken auf eine ganz normale, handfeste Tätigkeit deines Alltags! Das ist die beste Medizin.

Das Adressieren

Kontaktiere bewusst das Geistwesen deiner Wahl!

Es ist gerade am Anfang der medialen Kontakte sehr von Vorteil, wenn du dich nicht einfach irgendwem oder irgendetwas öffnest, sondern von vornherein festlegst, mit wem du Kontakt haben willst. Ähnlich wie bei einem Brief, den du absenden möchtest, oder bei einer Telefonnummer, die du wählst, solltest du dich auf das Geistwesen ausrichten, mit dem du sprechen möchtest. Dafür ist es von großem Vorteil, wenn du die Schwingung und Präsenz dieses Wesens schon einmal erfahren durftest, etwa bei einem Medium, das mit dem Wesen kommuniziert. In meinen Ausbildungen erleben die Teilnehmer die Präsenz der Geistwesen und können sich mit ihnen vertraut machen. So fällt es ihnen leichter, sie wiederzuerkennen und den Kontakt selbst herzustellen. Es ist für ein erfahrenes Medium auch möglich, das gewünschte Geistwesen zu rufen und dir bei deinem Erstkontakt zu helfen. Wenn du das Geistwesen kennen und spüren lernst, kannst du es später immer leichter selbst kontaktieren, indem du dich an das Gefühl und die Schwingung erinnerst, die du bei diesem Wesen wahrgenommen hast.

Dein Wunsch, mit einem bestimmten Geistwesen zu kommunizieren, sollte bei der Adressierung und Kontaktaufnahme so deutlich und lebendig wie möglich sein. Ähnlich, wie du dir einen geliebten Menschen in dein Erinnerungsfeld holen kannst mit allem, was er für dich ausstrahlt, sollst du dich auf deinen geistigen Freund konzentrieren! Der Name allein ohne die dazugehörige Empfindung

187

kann dir leider auch andere Wesen in deine Übertragung ziehen. Es sind viele Geistwesen an einem Kontakt interessiert, die manchmal auch ihre Späße treiben und sich gern unter anderem Namen vorstellen. So gibt es beispielsweise weit mehr Menschen, die glauben, mit hohen Geistwesen zu sprechen, als tatsächlich mit ihnen in Verbindung stehen ... Gerade zu Beginn deiner medialen Erfahrungen ist es daher wichtig für dich, genau zu beobachten und zu erfühlen, wie sich ein Geistwesen anfühlt. Spüre mit deinen ganzen Sinnen und prüfe seine Worte und Ratschläge danach, wie hilfreich und wahr sie für dich sind, damit du später genau weißt, wem du dein Vertrauen schenken kannst und wie er oder sie sich anfühlt.

Strahlt das Wesen eine besondere Güte aus oder ist es eher humorvoll? Ist es ernst oder eher klar und sachlich in seiner Ausstrahlung? Fühlst du bestimmte Berührungen oder Wärme an einigen Körperregionen wie zum Beispiel an den Händen, Armen, Schultern oder in deinem Herzen? Beobachte jedes Detail – so als würdest du die Gesten und Eigenschaften eines neuen Bekannten ganz genau erfahren wollen! Diese Empfindungen und Beobachtungen ergeben später ein Gesamtbild für dich, dass du immer leichter und besser erkennen und in deiner Erinnerung aufrufen kannst. Und genau dadurch kannst du dein Geistwesen am direktesten kontaktieren.

Durch Symbole deines Geistwesens, seine Farben oder ein Bild von ihm kannst du dir zusätzlich die Adressierung erleichtern. Ich verwende zum Beispiel sehr gern Kerzen in den passenden Farben, wenn ich für meine Klienten mit den Aufgestiegenen Meistern kommuniziere. Natürlich sind das nur Hilfsmittel. Je besser du deinen geistigen Freund kennst und wahrnehmen kannst, desto leichter wird dir mit der Zeit die Kontaktaufnahme gelingen. Dann brauchst du keine Hilfsmittel mehr, sondern rufst ihn einfach, indem du an ihn denkst wie an einen guten Freund. Nun kannst du ihn mental um ein Gespräch bitten. Bis dahin beobachte und fühle sehr genau!

In Trance gehen

Wenn du in Trance gehst, begibst du dich ins Reich des medialen Bewusstseins.

Wenn du bereits Erfahrungen mit meditativen Zuständen gemacht hast und in der Lage bist, dich zu entspannen und deinen Kopf frei von Gedanken werden zu lassen, kannst du dich an den nächsten Schritt heranwagen. Bevor du die hier beschriebene Übung machst, wende jedoch unbedingt die Schutzübung oder ein anderes Schutzritual an, damit du dich sicher in die Trance gleiten lassen kannst! Die hier aufgeführte Methode ist nur eine von vielen Möglichkeiten, in die Trance zu gelangen.

Setze dich dazu aufrecht und bequem hin und atme ein paar tiefe Atemzüge lang ein und aus ... Lass alle Gedanken und Tagesbeschäftigungen mit jedem Ausatmen ziehen ... Atme langsam, tief und gleichmäßig ... ein und aus ... Spüre deinen Atem, wie er durch deinen Körper fließt ... wie er deinen Bauch bewegt ... wie er deine Lungen füllt ... Dein Atem fließt wohltuend und gleichmäßig ... Mit jedem Atemzug wirst du immer ruhiger ... Atme tief und gleichmäßig ... ein und aus ... Du gleitest immer tiefer in eine wohlige Entspannung ... Du bist ganz entspannt und beschützt ... Atme nun in deinen hinteren Kopfbereich am unteren Ende deines Schädels ... Spüre, wie die Atmung in dieser Region deine Trance zu aktivieren beginnt und du in einen immer tieferen Entspannungszustand gleitest ... Du bist angenehm entspannt und beschützt ... Zähle jetzt bis zehn und stelle dir vor, wie du langsam mit jeder Zahl eine Treppenstufe hinabsteigst ... Eins ... Dein Körper ist angenehm schwer ... Zwei ... Du bist ganz entspannt und genießt die Tiefe deiner Entspannung ... Drei ... Dein Körper wird immer schwerer ... Vier ... Du gleitest immer tiefer in deine Trance ... Fünf ... Dein Körper ist so entspannt, dass du dich ganz bewegungslos fühlst, so als wärst du die Statue einer Gottheit ... Sechs ... Du genießt den Zustand der Schwere und spürst, wie du immer tiefer in deine Trance gleitest ... Sieben ... Dein Bewusstsein ist ganz ruhig und weitet sich ... Acht ... Du gleitest immer tiefer in die Trance ... Neun ... Du bist tief entspannt und dein Bewusstsein ist weit offen ... Zehn ... Du bist in einer angenehmen Trance. Deine Sinne sind weit offen für eine Botschaft aus der geistigen Welt ... Konzentriere dich nun auf das Wesen, zu dem du Kontakt haben willst, oder auf die Frage, die dir auf dem Herzen liegt, und warte, was passiert ...

Wenn du deine Botschaft erhalten hast, komme wieder zurück ... Gehe die zehn Treppenstufen wieder hinauf. Spüre dabei, wie du immer wacher wirst und wieder zurück in dein Tagbewusstsein gelangst ... Eins, zwei, drei, vier, fünf, sechs, sieben, acht, neun, zehn ... Öffne deine Augen, nimm ein paar starke und tiefe Atemzüge, schüttle deine Hände, Arme und Beine ein wenig aus und sei wieder ganz im Hier und Jetzt!

Du kannst dir deine Erfahrung und Wahrnehmung nun aufschreiben, denn jetzt ist sie noch ganz frisch. Beim Schreiben können dir noch viele Details einfallen, die dir später deinen Einstieg in die Trance erleichtern. Wenn du immer mehr Erfahrungen mit dem Zustand der Trance gemacht hast, wirst du eines Tages einfach nur die Entscheidung treffen "Ich begebe mich jetzt in Trance" – und dann kannst du ganz schnell und unkompliziert in den Trancezustand gehen.

Zunächst aber musst du dich mit diesem Zustand vertraut machen, um ihn wieder hervorrufen zu können, wenn du ihn brauchst. Der Trancezustand ist schwer zu beschreiben. Es ist eine Art der tiefen Entspannung, die irgendwie verschwommen oder sogar schwerelos zu sein scheint. Für den Anfang ist es von großem Vorteil, wenn du einen Lehrer hast, der dich in die Trance begleitet, der dich anleitet und führt und durch dessen Energiefeld du die Trance spüren kannst. Es ist ein wenig so, als wärst du im Wald aufgewachsen, fernab von Menschen – und jetzt sollst du erfahren, was Lächeln und Glücklichsein bedeutet. Es ist leichter, wenn du es bei einem anderen Menschen siehst und spürst. Zudem kann ein Lehrer dir auch einen energetischen Schub geben, um dich in die Trance zu geleiten, und achtgeben, dass du nicht abdriftest. So kann ein medialer Lehrer dein Reisebegleiter in die Trance sein und dich sicher in diesen tiefen und geöffneten Bewusstseinszustand geleiten.

Ich biete diese Art von Trainings in meinem Seminarzentrum an. Voraussetzung für meine Teilnehmer ist dabei eine psychische Grundstabilität, der Verzicht auf Drogen und erste Erfahrungen mit Meditation und Entspannungszuständen. Es ist kontraproduktiv, das Bewusstsein für Trancezustände zu trainieren, wenn du gerade in einer psychisch instabilen Phase bist. Der Vorgang könnte sich dann unkontrolliert verselbstständigen und du könntest unbeabsichtigt in diesen Zustand gleiten. Das kann zu großer "Ungemittetheit", Unkonzentriertheit und mangelnder Erdung führen. Ich rate dir daher, die Übungen für die Trancezustände nur zu machen, wenn du dich psychisch stabil fühlst. Andernfalls halte dich möglichst bewusst im Tagesbewusstsein.

Kontakt zu deinem Geistführer

Dein Geistführer steht dir immer wohlwollend
und unterstützend zur Seite.

Um mit deinem Geistführer Kontakt aufzunehmen, eignet sich zu Beginn eine geführte Meditation, wie ich sie beschreibe. Später kannst du dir dann einfach vorstellen, wie du ihn an eurem heiligen Platz triffst, oder du begibst dich in deinen meditativen Zustand, rufst ihn mental und visualisierst dabei das Bild, das du von ihm hast. Wenn du noch nicht sehr meditationsgeübt bist und deine Augen sich noch nicht an den Blick auf der anderen Ebene gewöhnt haben, kann es sein, dass du am Anfang nur einzelne Fragmente, Farben oder Berührungen wahrnimmst. Mit der Zeit wirst du mehr sehen. Hab keine Angst, dass es für dich keinen Geistführer gibt. Jeder Mensch hat einen Geistführer – und manchmal sogar mehrere.

Aktiviere deinen Schutz und setze dich dann bequem hin. Wenn du allein bist, stelle dir vorsorglich den Wecker auf etwa fünfzehn bis zwanzig Minuten, damit du nicht einschläfst und deine Begegnung womöglich wieder vergisst. Atme ein paar Mal tief und gleichmäßig ein und aus und lass alle Sorgen und Gedanken los, die dich jetzt noch beschäftigen ... Atme tief und gleichmäßig ... Du bist ganz entspannt und beschützt ... Atme jetzt durch dein Kronenchakra weißes, kosmisches Licht ein und leite es durch deinen Körper, bis es an deinem Wurzelchakra ankommt und es aktiviert. Tue das ganz in deiner eigenen Geschwindigkeit ... Wenn du dich energiereich aufgefüllt fühlst und dein Wurzelchakra aktiviert ist, lass Wurzeln aus diesem Chakra bis tief in die Erde hinab wachsen ... So hast du Halt und kannst dich besser an dein Erlebnis mit deinem Geistführer erinnern ... Mit dem nächsten Atemzug atmest du das weiße Licht in deinen hinteren Kopfbereich ... Atme tief und gleichmäßig ein und aus und spüre, wie du dich immer tiefer in eine wohlige Entspannung hinabgleiten lässt ... Du bist ganz entspannt und beschützt ... Du freust dich schon auf deine Begegnung mit deinem Geistführer ... Stelle dir jetzt vor, du befindest dich auf einer wunderschönen Lichtung ... Die Wiese unter deinen Füßen ist saftig grün, der Wind streichelt deine Haut und die Luft ist wunderbar frisch ... Vor dir siehst du einen Weg, der einen Berg hinaufführt. Gehe diesen Weg hinauf ... Du weißt, dass dort oben dein Geistführer auf dich wartet ... Gehe den Berg hinauf, bis du hoch oben in den Wolken bist ... Rufe jetzt mental deinen Geistführer ... Was siehst du? ... Spürst du etwas? ... Nimmst du bestimmte Farben wahr? ... Oder siehst du vielleicht ein Symbol? ... Siehst du deinen Geistführer jetzt? ... Wie sieht er aus? ... Ist er männlich oder weiblich? ... Schau ihn dir genau an ... Wie wirkt dein Geistführer auf dich? ... Ist er alt oder eher jung in seiner Erscheinung? ... Wie ist er gekleidet? ... Begrüße ihn und frage ihn nach seinem Namen ... Frage ihn, ob er eine Botschaft für dich hat, und erwarte seine Antwort ... Dann frage ihn, ob es ein Symbol gibt, woran du ihn erkennen kannst ... Bedanke dich für die Antworten und die Begegnung und mache dich langsam wieder auf *den Weg zurück zur Lichtung ... Du kannst jederzeit wieder zurück zu eurem heiligen Ort gehen und ihn wieder rufen ... Wenn du auf der Lichtung angekommen bist, nimm noch ein paar tiefe Atemzüge und komme langsam wieder zurück in dein Tagbewusstsein ... Öffne deine Augen, räkle und strecke dich ...*

Schreibe im Anschluss alles auf, woran du dich erinnern kannst.

Es ist möglich, dass du deinen Geistführer zu Beginn noch nicht richtig erkennen kannst, er etwas abgewandt oder in einiger Entfernung steht. Vielleicht verstehst du seinen Namen noch nicht und konntest seine Botschaft noch nicht hören. Das bessert sich, wenn du euren gemeinsamen heiligen Ort häufiger besuchst. Für den Anfang empfehle ich dir, einen Zeitraum von etwa einer Woche zwischen deinen Besuchen verstreichen zu lassen, das ist ausreichend. Wenn du häufiger den Drang verspürst, kannst du ihn natürlich öfter aufsuchen. Die meisten Menschen, die ich in meinen Kursen erlebe, nehmen ihren Geistführer, sobald sie ihn wahrnehmen, als deutlich männlich oder weiblich wahr. Auch eine bestimmte Kleidung, die auf die historische Epoche hinweist, in der der Geistführer gelebt hat, oder auf seinen Stil und seine besonderen Aufgaben, wird immer wieder beschrieben.

Die Begegnungen selbst können ganz unterschiedlich sein. Es muss nicht unbedingt sein, dass ihr euch gleich freudig in die Arme fallt. Es hat auch viel mit der Persönlichkeit und Aufgabe des Geistführers zu tun und mit der Beziehung, die euch eventuell bereits in einem früheren Leben miteinander verbunden hat. Mache dir also keine Gedanken! Du kannst nichts falsch machen. Und mit jeder weiteren Geistführerbegegnung kann euer Vertrauensverhältnis weiter wachsen. Dann kannst du von seiner Weisheit und seinem Rat auch in Zukunft profitieren. Ich wünsche dir viel Freude und Erkenntnis mit deinem Freund aus der geistigen Welt!

Eine Übung zum Hellfühlen

Wenn du dich für die Welt öffnest, ist die Welt in dir.

Viele hellfühlende Menschen spüren oft die Emotionen anderer, manchmal auch ohne sich darüber bewusst zu sein, dass sie nicht die eigenen Gefühle wahrnehmen. Oft wundert man sich dann einfach, warum man sich in der vollen Bahn oder im überfüllten Einkaufszentrum plötzlich so schlecht fühlt. Meistens liegt das tatsächlich daran, dass man Emotionen anderer aufgesogen hat und jetzt in seiner Aura mit sich trägt. Um ein schönes Erlebnis mit dem bewussten Hellfühlen zu haben, empfehle ich daher, sich ein sehr positives Ereignis für diese Übung auszuwählen, zum Beispiel eine Hochzeit, eine Vorführung, bei der Kinder vor ihren Eltern auftreten, oder auch ein anderes Ereignis, bei dem die Menschen um dich herum sehr freudvoll emotional reagieren.

Schließe in dieser Atmosphäre kurz deine Augen, atme ein paar Mal tief ein und aus und stelle dir nun vor, wie dein Solarplexuschakra sich sanft öffnet, wie eine Blume ... Dann stelle dir vor, wie dein Herzchakra sich öffnet, wie eine Blume ... Anschließend tue das Gleiche mit deinem Kehlchakra ... Visualisiere vor deinem inneren Auge, wie deine Aura immer durchsichtiger und offener wird ... Du bist jetzt bereit für dein hellfühliges Erlebnis ... Stelle dir vor, du bist jetzt durchlässig für alle Emotionen, die auf dich einströmen wollen ... Konzentriere dich nicht weiter auf etwas Bestimmtes und

beobachte das Geschehen um dich herum ganz ent-
spannt ... Beobachte die Menschen um dich herum und
habe teil am Geschehen ... Was nimmst du wahr? ...
Schwappt ein Gefühl auf dich über? ... Wie fühlt es sich
an, wenn du den Stolz oder das Glück eines anderen
wahrnimmst? ... Es kann wie ein Gefühlsschwall sein,
der auf dich einströmt. Ganz plötzlich kannst du dich
jetzt zum Beispiel wundern, warum dir gerade fast da-
nach ist, vor Freude zu weinen ...

Wenn du das Gefühl eines anderen Menschen in dir wahrnimmst, ist es wichtig, dass du dies auch erkennst! So kannst du
dieses Gefühl wieder ganz leicht von dir trennen. Es ist immer
wichtig, dass du dich selbst wahrnimmst und der Situation entsprechend beobachten kannst, damit du fremde Gefühle von
deinen eigenen unterscheiden kannst.

Wenn du deine Übung beendet hast, stelle dir vor, dass
alle fremden Gefühle wieder von dir abfallen, oder bitte
deinen Unterstützer aus der geistigen Welt darum, das
für dich zu tun. Dann schließe deine Aura, indem du
dir ihre Grenzen als fest und geschlossen vorstellst und
dabei deinen Atem als Kraftspender hinzunimmst ...
Erde dich und schließe die Blüten deiner Chakren
wieder ...

Das Solarplexuschakra, das Herzchakra und das Kehlchakra
sind meiner Erfahrung nach die Chakren, die am stärksten auf die
hellfühlige Wahrnehmung von Emotionen reagieren. Du kannst
aber auch mit den anderen Chakren hellfühlend spüren. Probiere
es aus – und vergiss nicht, die erlebten Gefühle danach wieder aus
deinem System zu nehmen!

Übungen zum Hellsehen

Die Welt ist viel komplexer und leuchtender,
als wir sie in unserem normalen Tagesgeschehen
wahrnehmen.

Es ist allgemein leichter, mediale Bilder zu empfangen, wenn du die Augen schließt und deinen Blick in dein Inneres richtest. Natürlich ist es auch möglich, mit offenen Augen hellzusehen. Wenn du jedoch gerade erst damit beginnst, deine hellsichtigen Fähigkeiten zu üben, empfehle ich dir, mit den mentalen Bildern vor deinem geistigen Auge anzufangen, vor allem mit den Visualisationsübungen aus dem Kapitel "Visualisation" auf Seite 170 ff. Wenn du dafür ein Gefühl erlangt hast, kannst du es später auch leichter mit offenen Augen, indem du deinen Blick in die Leere schweifen lässt und deine Augen nicht auf etwas im Außen Sichtbares konzentrierst. Selbst wenn du die Aura von Pflanzen oder anderen Lebewesen betrachten möchtest, ist es wichtig, deine Augen anders zu nutzen, als du es in deinem üblichen Tagesgeschehen tust. Dein Blick sollte dann verträumt verschwommen sein, ohne dass du deine Augen auf etwas fokussierst.

Wie bereits erwähnt, bedeutet hellsehen nicht automatisch, in die Zukunft zu sehen, sondern in erster Linie heißt es, die unsichtbare Welt mit ihren Farben, Formen und Schwingungen wahrzunehmen. Je besser du das kannst, desto besser wird dein Gefühl für die Zusammenhänge auf dieser Welt, für deine eigene Entwicklung und für die Auswirkungen von Gedanken, Gefühlen und

Taten in deinem Leben. Du kannst auf diese Weise viel achtsamer und verantwortungsbewusster mit dir selbst und anderen umgehen und deine Fähigkeit so zum Wohle aller nutzen. Wenn du noch nicht sehr viel Erfahrung mit dem Visualisieren oder ähnlichen Techniken hast, die das Dritte Auge aktivieren, kann es sein, dass dieses noch etwas verschlossen ist. Ein medialer Mensch, der mit Energie umgehen kann, kann dir dabei helfen, das Dritte Auge zu aktivieren. In diesem Fall machen persönliche Kontakte und Einweihungen großen Sinn, denn sie erleichtern dir einen langen Übungsweg. Mit der energetischen Unterstützung eines medialen Lehrers kannst du dein Drittes Auge relativ schnell öffnen. Wenn dir ein solcher Kontakt nicht möglich ist, kann viel Übung erforderlich sein, um dieses Ziel zu erreichen. Verfolge dann insbesondere die Visualisations- und Atemübungen, die sich auf die Zirbeldrüse und dein Drittes Auge beziehen und die du im Folgenden findest! Habe Geduld mit dir!

Doch übe für den Anfang nicht gleich zu viel auf einmal, sonst bekommst du Kopfschmerzen, weil dein Drittes Auge so viel Aktivität noch nicht gewohnt ist!

Die Aura eines Baumes sehen

Erfreue dich an den strahlenden Farben der Aura und spüre, wie viel Leben in allem ist!

Die folgende Übung bezieht sich auf das Hellsehen mit geöffneten Augen.

Begib dich dafür an einen schönen Platz in der Natur, auf eine Lichtung oder in einen Park, in dem du ungestört und wenig abgelenkt bist. Am besten ist es, wenn du das kurz vor der Dämmerung tust, denn dann ist es am leichtesten, die Aura der Erde oder eines Baumes wahrzunehmen. Suche dir einen allein stehenden Baum, hinter dem sich nichts befindet, was deinen Blick ablenken könnte. Dann setze dich auf eine Bank oder auf den Boden und atme ein paar Mal tief ein und aus ... Lass alle Gedanken ziehen, die dich jetzt noch beschäftigen ... Atme tief und gleichmäßig und stelle dir vor, wie du mit dem nächsten Atemzug weißes, kosmisches Licht über dein Kronenchakra einatmest ... Leite dieses Licht in dein Drittes Auge und visualisiere, wie es sich öffnet wie eine Blume ... Spüre, wie es sich mit Energie auflädt und zu pulsieren beginnt ... Atme nun weißes Licht in den Punkt in der Mitte deines Kopfes und stelle dir vor, wie er hellblau leuchtet ... Du hast dadurch deine mediale Sehfähigkeit aktiviert und kannst dich ganz entspannt an deine Übung heranwagen ... Versuche, nichts zu erzwingen ... Du kannst medial am einfachsten sehen, wenn du ganz entspannt und unverkrampft bist ... Schaue nun ganz leicht an deinem ausgewählten Baum vorbei, als ob du tagträumen und leicht durch ihn hindurchblicken würdest ... Versuche dabei, deinen Blick nicht scharfzustellen oder zu fokussieren ... Schaue ganz verträumt an dem Baum vorbei ... Atme weiter tief und gleichmäßig in die Mitte deines Kopfbereiches und lass deinen Blick träumend leer werden ... Halte deinen Blick unbewegt, so wie er ist, und schaue nicht woanders hin ... Beginnst du bereits, hinter den Konturen des Baumes ein Leuchten wahrzunehmen? ... Blicke verschwommen, ganz ohne etwas scharf sehen oder erkennen zu wollen, beinahe so, als hättest du die Augen offen, ohne etwas sehen zu wollen ... Erkennst du eine Farbe in der Luft neben dem Baum? ... Kannst du sehen, wo diese Farbe endet?

Wenn du mit der Übung fertig bist, schließe dein Drittes Auge wieder, indem du dir vorstellst, wie die Blüte sich wieder schließt. Atme ein paar tiefe Atemzüge lang ein und aus, leite die überflüssige Energie mit dem Ausatmen durch deinen Körper über deine Beine und Füße in die Erde und verabschiede dich mental von deinem Baum ...

Es ist möglich, dass du bei den ersten Versuchen noch nichts sehen kannst, da du deinen medialen Blick erst schulen musst. Das hellsichtige Sehen funktioniert anders als die tägliche Wahrnehmung über die Augen. Du fokussierst dabei nicht, sondern gewöhnst deine Augen daran, loszulassen und einen verträumt-offenen Blick zu bekommen, der zu Beginn einen leichten inneren Druck in deinem Dritten Auge erzeugen kann. Sei geduldig mit dir! Mit der Zeit und vielleicht sogar in einem Moment, in dem du gar nicht damit rechnest und ganz entspannt bist, wirst du die Aura des Baumes sehen können.

Hellsichtig die Aura wahrnehmen

Wenn du siehst, wie es um deine Aura bestellt ist,
kannst du bewusster für dein Wohl sorgen.

Diese Übung bezieht sich auf das mediale Sehen mit geschlossenen Augen.

Setze oder stelle dich dazu aufrecht hin. Deine Arme und Beine sollten dabei nicht überkreuzt sein. Schließe deine Augen ... Nimm ein paar tiefe Atemzüge und lass mit dem Ausatmen alle Sorgen und Gedanken los, die dich jetzt noch beschäftigen ... Atme tief und gleichmäßig ...

Nimm jetzt beim Einatmen weißes, kosmisches Licht in dich auf und lass es durch deinen Körper fließen, bis es dein Wurzelchakra und deine Füße erreicht ... Lade dein Wurzelchakra mit dieser Energie auf und stelle dir vor, wie Wurzeln aus diesem Chakra und aus deinen Füßen bis tief in die Erde hinein wachsen ... Atme jetzt in deinen Kopfbereich, zuerst in den hinteren Kopfraum und dann in den vorderen Kopfbereich ... Fülle nun in deiner Vorstellung mit dem nächsten Atemzug dein Drittes Auge mit indigoblauem Licht und genieße, wie sich das Licht entspannend und wohltuend in deinem oberen Kopfbereich ausbreitet ... Atme nun gezielt in deine Zirbeldrüse, die sich in dem kleinen Raum in der Mitte deines Kopfes befindet ... Stelle dir vor, wie sie deine Fähigkeit, in der geistigen Ebene zu sehen, anschaltet ... Dann richte deine Aufmerksamkeit auf den Bereich um deinen physischen Körper herum ... Kannst du die Grenze deiner Aura wahrnehmen? ... Wie weit entfernt von deinem physischen Körper ist sie? ... Welche Form hat sie? ... Ist sie oval und gleichmäßig? ... Oder hat sie Dellen und Löcher? ... Ist sie im oberen Körperbereich ausgedehnter als unten? ... Ist sie fest oder eher dünn und durchlässig? ... Welche Farben nimmst du wahr? ... Siehst du Symbole, oder kommen bestimmte Themen in dir hoch? ... Siehst du andere Personen oder Schnüre in deiner Aura? ... Schaue dir alles rings um deinen Körper herum vor deinem geistigen Auge genau an ... Wenn du fremde Personen in deiner Aura siehst, stelle dir vor, wie sie von einer Welle aus Licht aus deiner Aura getragen werden ... Wenn du Schnüre siehst, die dich an etwas binden, das du nicht möchtest, bitte die geistige Welt darum, diese Schnüre zu entfernen ... Wenn du dunkle Flecken siehst, fülle sie mit weißem Licht auf ...

Du kannst nun gleich im Anschluss die Übung zur Reinigung und Aktivierung deines Energieskeletts (siehe das Kapitel "Das Energieskelett reinigen, stärken und schützen", Seite 175 ff.) machen und mit deiner Hellsicht die Ergebnisse der Übung überprüfen. Wenn du fertig bist, schließe deine Aura wieder schützend, lass alle überschüssige Energie durch deine Füße in die Erde fließen. Komme dann mit ein paar tiefen Atemzügen wieder zurück in dein Tagbewusstsein. Öffne deine Augen, reibe deine Finger, balle deine Fäuste, rolle deine Zehen und dehne deine Füße ein paar Mal. Sei wieder ganz präsent in deinem Körper!

Die Fähigkeit, medial deine Aura wahrzunehmen, kann dir dabei behilflich sein, die Entwicklung deines Energieskelettes zu beobachten und deine Aura rein und gesund zu halten. Auf diese Weise übst du nicht nur deine Hellsichtigkeit, sondern tust auch noch etwas für dein Wohlbefinden.

Hellsichtig in die Zukunft schauen

Die Zukunft ist ein bewegliches Gebilde, in das ein hellsichtiges Medium Einblick gewinnen kann.

Für einen hellsichtigen Blick in die Zukunft lass zunächst alle Alltagsgedanken und Sorgen los, reinige deine Aura und gehe in den entspannt-meditativen Zustand. Setze oder lege dich entspannt hin. Wenn du dich hinlegen möchtest, stelle dir vorher einen Wecker, zunächst etwa auf fünfzehn oder zwanzig Minuten. Das stellt sicher, dass du nicht unnötig abdriftest. Denn dein Unterbewusstsein könnte dazu neigen, die Chance auf diesen Ausflug in andere Bereiche ausführlich auszukosten. Wenn du jedoch abdriftest, gehen dir möglicherweise deine Erinnerung an das Gesehene sowie deine Erdung verloren. Wenn du alle Vorbereitungen getroffen hast ...

*Erde dich, atme tief und gleichmäßig oder entscheide
dich für die trancefördernde Atmung, indem du nach
dem Ein- und Ausatmen den Atem einige Sekunden an-
hältst, so wie auf Seite 189 f. beschrieben. Atme auf
diese Weise gleichmäßig weiter ... Lenke die Energie, die
du mit dem Atem aufnimmst, in deinen Kopfbereich,
zuerst in den hinteren und dann in den vorderen Kopfbereich ... Konzentriere dich nun auf dein Kronenchakra,
das sich kelchförmig nach oben hin öffnet, und atme
weißes, kosmisches Licht, das von hoch oben aus den
höheren Ebenen zu dir strömt, durch dein Kronenchakra
ein ... Lenke das Licht in dein Drittes Auge und lass es
dieses indigofarben erleuchten, aufladen und aktivieren ...
Wenn du die Aktivierung spürst, zum Beispiel indem du
ein Pulsieren auf oder hinter deiner Stirn wahrnimmst,
atme weißes, kosmisches Licht in deine innere Kopfmitte,
wo sich deine Zirbeldrüse befindet. Lade diese wie einen
kleinen leuchtenden Punkt mit hellblauem Licht auf ...
In dem Moment, in dem deine Zirbeldrüse leuchtet,
funktioniert sie wie ein Anschalter für deinen medialen
Bildempfang. Stelle dir vor, wie sie deinen inneren Bild-
schirm anmacht, so wie du einen Fernseher anschalten
würdest ... Konzentriere dich jetzt darauf, dass du etwas
sehen willst, das in der unmittelbaren Zukunft wichtig ist
für dich ... Du kannst auch die geistige Welt oder dein
Höheres Selbst um die Bilder bitten ... Dann betrachte,
ohne zu werten, was du siehst ...*

Die Bilder können anfangs relativ zusammenhanglos sein oder
wie kleine Schnappschüsse eines Fotoapparates oder sogar wie ein
kleiner Film.

203

... Wenn du merkst, dass es anstrengend wird, beende die Übung. Lass deinen Kronenchakra-Kelch langsam wieder zurückfahren, schließe deine Aura wie ein weißes Ei aus Licht und komme wieder in dein Tagbewusstsein zurück.

Notiere dir anschließend, was du wahrgenommen hast, damit du es später überprüfen kannst. Zu Beginn deiner Hellsicht-Übungen wirst du die Bilder sehr wahrscheinlich noch nicht lange aufrechterhalten können. Häufig endet die Übertragung dann automatisch, weil dein Energieskelett noch nicht daran gewöhnt ist, auf der anderen Ebene zu sehen. Ärgere dich nicht darüber! Deine feinstofflichen Muskeln müssen erst trainiert werden. Auch dein Bewusstsein sollte mit der neuen Erfahrung mitkommen und sich daran gewöhnen können.

Kontakt zu deinem Schutzengel

Jeder Mensch hat einen Schutzengel,
der über ihn wacht.

Für den Kontakt zu deinem Schutzengel solltest du dich möglichst in eine entspannte und meditative Grundstimmung versetzen.

Setze, stelle oder lege dich entspannt hin, schließe deine Augen und atme ein paar tiefe Atemzüge lang alle Alltagssorgen und Gedanken aus ... Mit dem Einatmen konzentriere dich nun auf den Kontakt zu deinem Schutzengel ... Stelle dir vor, wie du schützende Energie einatmest, und rufe dabei laut und deutlich deinen Schutzengel in deinem Geiste ... Du musst hierfür noch nicht seinen Namen wissen. Rufe ihn einfach von ganzem Herzen mithilfe deiner Gedanken und Sehnsüchte ... Bitte ihn mental, sich dir zu zeigen ... Dann fühle, was passiert ... Spürst du, dass dein Herz schneller schlägt? ... Fühlst du dich plötzlich ganz ruhig, so als ob alles gut ist? ... Spürst du vielleicht eine leichte Berührung an deiner Haut oder an deinen Haaren oder Wärme? ... Merkst du, dass etwas da ist? ... Auf irgendeine Weise zeigt sich dir dein Schutzengel ... Wenn du ihn noch nicht wahrnimmst, bitte ihn, sich dir noch deutlicher zu zeigen ... Sei offen und habe Geduld ...

Übe den Kontakt wieder und wieder! Vielleicht ist es eine Erinnerung an einen Klang oder das blasse Gefühl einer Farbe, dass du zunächst übersehen hast, durch das er sich dir immer wieder mitteilt. Beobachte gut – sowohl deine innere als auch deine äußere Wahrnehmung! Auf diese Weise wirst du ihn früher oder später erkennen. Wenn du seine Präsenz wahrnimmst, kannst du auf die gleiche Weise, wie sie in der Übung "Hellsichtig die Aura wahrnehmen" (Seite 200 ff.) beschrieben wird, seine Farbe und Erscheinung betrachten.

Schaue dazu direkt in den unmittelbaren Bereich deiner Aura ... Wo befindet sich dein Schutzengel? Steht er ganz dicht neben dir? ... Welche Farbe hat sein Strahlen? ... Wie wirkt er auf dich? ... Ist er fröhlich oder eher besorgt? ... Gehe mit deinem Schutzengel in deiner Vorstellung an ein ruhiges Plätzchen ... Setzt euch zum Beispiel auf eine Bank und redet miteinander ... Vielleicht will dir dein Schutzengel auch einen anderen Ort oder etwas für dich Wichtiges zeigen ... Dann folge ihm und höre dir an, was er dir zu sagen hat, denn es ist nur zu deinem Besten ... Bedanke dich danach für den erhaltenen Rat und bemühe dich, diesen mit in dein Tagbewusstsein zu nehmen.

Die Ratschläge deines Schutzengels sind in jedem Fall sehr konstruktiv und auf dein Wohl ausgerichtet. Es lohnt sich, sie zu befolgen. Du kannst diese kurzen Kontakte regelmäßig, sogar täglich üben. Dein Schutzengel mag es übrigens, wenn er beachtet wird. Deshalb kannst du ihn auch gut in deine tägliche Morgenbegrüßung oder in deine Gebete einbeziehen. Er wird sich sicher darüber freuen.

Hilfsmittel Kristallkugel

Es ist nicht die Kugel, die schaut, du bist es selbst.
Die Kugel öffnet dir nur die Pforte.

Zum Hellsehen mit einer Kristallkugel werden am liebsten klare Bergkristallkugeln verwendet, denn der Bergkristall ist nicht zu teuer und hat eine gute klärende Eigenwirkung. Es ist nicht unbedingt nötig, dass er besonders rein ist. Er kann Einschlüsse oder schimmernde Reflexionsflächen haben oder sogar eine ovale Form. Du kannst auch andere Kristalle oder eine Glaskugel nutzen. Die Kugel ist lediglich ein Werkzeug, das dir dabei hilft, dich auf das mediale Sehen einzustimmen.

Wenn ein Kristall für dich eine besondere Ausstrahlung hat, kannst du ihn zum Kristallsehen nutzen. Er hat eine eigene Seele und kann dir so ein guter Begleiter sein. Quarz beispielsweise lässt sich sehr gut programmieren, er speichert die energetischen Informationen, die du ihm gibst. Und je mehr du mit ihm zusammen dein mediales Sehen übst, desto leichter wird es dir fallen, mit seiner Hilfe in den richtigen Zustand zu gelangen.

Deine Kristallkugel sollte mindestens fünf Zentimeter Durchmesser haben, damit du deinen Blick nicht zu eng fokussierst. Stelle sie am besten auf ein einfarbiges dunkles Tuch, damit du nicht zu abgelenkt bist von den Reflexionen aus der Umgebung. Am besten eignet sich leicht gedämmtes Licht, das deine Augen nicht so sehr anstrengt und dir hilft, dich zu entspannen.

Nimm deine Kristallkugel in die Hand oder lass sie vor dir stehen, ganz wie es dir besser erscheint ... Atme alle Alltagssorgen und Gedanken aus, erde dich, aktiviere deinen Schutz und begib dich dann in einen meditativen, entspannten Zustand ... Nutze deine Atmung und atme tief und gleichmäßig, um den gewünschten Zustand zu erreichen ... Atme nun weißes, kosmisches Licht in deinen hinteren Kopfbereich und in dein Drittes Auge und stelle dir vor, wie es sich öffnet wie eine Blume ... Dann atme das weiße Licht in deine Zirbeldrüse, den Punkt in der Mitte deines Kopfes, und lass ihn hellblau leuchten ... Das ist dein "An-Knopf" ... Wenn deine Zirbeldrüse aktiviert ist, bist du bereit, medial zu sehen ... Konzentriere dich jetzt auf dein Drittes Auge und stelle dir vor, wie aus deinem Dritten Auge ein Energiestrahl direkt auf die Kristallkugel gelenkt wird ... Damit stellst du die Verbindung zwischen euch her und gibst dir und der Kugel die Information, dass du jetzt bereit bist, Bilder durch sie zu empfangen ... Jetzt richte deinen Blick unscharf auf die Kugel, gerade so als ob du träumen oder durch sie hindurchblicken würdest, ohne sie konkret zu fokussieren ... Es kann sein, dass ein paar Einschlüsse im Kristall deine Aufmerksamkeit auf sich ziehen ... Sieh mit deinem verträumten Blick dorthin ... Vielleicht zeigt sich dir schon ein erstes Bild oder Symbol ... Vielleicht schaust du auch direkt an dem Einschluss mit seinen schönen Facetten vorbei und gelangst dabei in die Bilderlandschaft des medialen Sehens ... Wenn du eine klare Kugel hast, werden durch deinen unscharfen Blick wahrscheinlich verschwommene Bereiche in der Kugel auftreten. Nutze diese Bereiche wie ein Nebelfeld, durch das du mit deinem Geist hindurchgehst und hinter dem sich deine Visionen und Bilder verbergen ... Durch den

Effekt der Wölbung der Kugel kannst du dir auch vor-
stellen, dass du durch die Kugel blickst wie durch ein
Fernrohr und dass du in der Ferne deine Visionen sehen
kannst ... Verkrampfe dich nicht! Es ist leichter, wenn
du ganz entspannt und verträumt bleibst ...

Einige Kristallkugelschauer sehen die Bilder in oder hinter der Kugel, viele sehen auch Symbole in den Reflexionen und Einschlüssen der Kugel. Ähnlich wie beim Kaffeesatzlesen stellt sich dein Unterbewusstsein darauf ein, dir durch die unbestimmten Formen bildhafte Zeichen zu übermitteln, die du erkennen und die du verstehen und entschlüsseln kannst. Auch Farben und verschwommene Bewegungen stellen sich häufig zu Beginn der Kristallschau ein. Wenn du so etwas wahrnimmst, bist du schon auf einem guten Weg, ganze Bilder und Symbole zu sehen.

Die meisten Kristallseher empfangen ihre Bilder im Inneren vor ihrem geistigen Auge und nutzen die Kugel und ihre Wirkung nur als Eingang in die mediale Welt der Bilder. Dein Blick ist dabei unfokussiert auf die Kugel gerichtet und du nimmst deine Visionen im Inneren wahr. Ich persönlich finde das leichter, denn du kannst so schneller und ohne größeren Energieaufwand fließende Bilder empfangen und musst dich nicht mit der Deutung der einzelnen Symbole auseinandersetzen, die du in der Kugel siehst.

... Wenn du mit deiner Übung fertig bist, atme wieder
ein paar Mal tief durch, stelle dir vor, wie die Verbindung
zu deiner Kristallkugel getrennt wird und schließe dein
Drittes Auge wieder, indem du visualisierst, dass die
Blume sich wieder schließt ... Lege ein Samt- oder Sei-
dentuch über die Kugel, stelle sie in eine schöne Kiste,
die nur für sie gedacht ist, oder lege sie an ihren Platz.

Verzweifle nicht, wenn nicht gleich zu Beginn alles nach deinen Vorstellungen verläuft. Gib dir Zeit, eine Beziehung zu deiner Kristallkugel aufzubauen und zu erkunden, wie du am besten mit ihr zusammenwirkst. Mein erster Versuch mit einer Kristallkugel war ziemlich frustrierend. Ich saß eine gefühlte Ewigkeit vor der Kugel und sah die ganze Zeit über ein Gesicht. Das Bild änderte sich einfach nicht, und zu allem Überfluss meldete sich auch noch ein Kristallwesen namens Aurelia und sprach sehr angeregt und ausführlich mit mir. Ich war mächtig enttäuscht, dass ich, anstatt tolle Visionen zu sehen, mit meiner Kugel geplaudert hatte. Ich stellte mir vor, wie verrückt und lächerlich es klingen müsse, wenn ich mich bei meinen Freundinnen darüber aufregen würde, dass ich bei dem Versuch des Kristallsehens anstatt etwas zu sehen mit meinem Kristall gesprochen hatte. Schließlich ist eines von beidem für viele schon verrückt genug ...

Ich empfehle dir, offen zu sein für alles, was sich dir zeigen will, und eine spielerische Neugierde und Freude am Entdecken deiner Fähigkeiten und Möglichkeiten mitzubringen. So bist du am unverkrampftesten und kannst dich leichter auf deine Entwicklungen und Fortschritte einlassen.

Hilfsmittel Kerze

Lass die Flamme deinen Blick berühren – und sieh!

Der Blick in Flammen eignet sich sehr gut, um sich für den medialen Zustand zu öffnen. Auf die gleiche Weise, wie du dich durch die Kristallkugel für Visionen und hellsichtige Bilder öffnen kannst, kann es dir auch mit der Flamme einer Kerze gelingen. Das Schauen in eine Kerzenflamme hat zudem eine beruhigende und hypnotisierende Wirkung, die sehr gut deine Hellsicht aktivieren kann.

Suche dir für diese Übung einen ruhigen Ort, an dem du ungestört bist, und stelle die Kerze an einen Platz mit möglichst wenig ablenkenden Gegenständen im Hintergrund. Setze dich aufrecht etwa vierzig Zentimeter vor die Kerze, ohne die Arme oder Beine zu überkreuzen, atme ein paar tiefe Atemzüge ein und aus und lass alle Sorgen und Gedanken los, die dich gerade noch beschäftigt haben ... Erde dich und aktiviere deinen Schutz, wie in den vorangegangenen Übungen beschrieben, und gehe dann in einen meditativen Zustand ...

Atme tief und gleichmäßig oder wie beschrieben, indem du im gleichen Intervall einatmest, ausatmest und dann den Atem hältst ... Richte deine Augen dabei die ganze Zeit auf die Kerzenflamme ... Spüre, wie du dich durch die Verbindung mit der Kerze immer tiefer in deinen

*Trancezustand begibst ... Atme in deinen hinteren Kopf-
bereich weißes, kosmisches Licht ... Anschließend atme
in dein Drittes Auge, das sich jetzt hinter deiner Stirn
kurz oberhalb der Augenbrauen wie ein Kelch öffnet,
der dabei wächst und größer wird ... Er kann für diese
Übung ruhig bis zu zehn Zentimeter groß werden ...
Wenn dein Drittes Auge geöffnet ist, sende aus ihm einen
Energiestrahl wie einen Fühler zur Kerzenflamme ... Spüre
die Wärme der Kerzenflamme ... Fühle, wie ihr Licht
dein Drittes Auge aktiviert und dir das mediale Sehen
ermöglicht ... Atme ruhig, tief und gleichmäßig ... Du
bist nun in einer leichten Trance ...*

*Gib dir jetzt mental den Auftrag, Bilder von deiner unmittelbaren Zukunft zu empfangen ... Schaue dabei weiter mit offenem und unbestimmtem Blick auf die Kerzenflamme oder durch sie hindurch ... Du kannst auch
die Augen schließen, wenn du das Gefühl hast, die
Flamme habe deine Hellsicht nun aktiviert ... Jetzt
kannst du Bilder, Sequenzen und Momentaufnahmen
aus deiner Zukunft wahrnehmen ... Sie werden dir vor
deinem inneren Auge erscheinen ... Sie können mehr
oder weniger flüchtig sein. Betrachte sie ruhig beobachtend, ohne sie zu bewerten ... Versuche nicht, sie krampfhaft festzuhalten oder ihnen deine Wünsche aufzudrängen, wenn sie weiterziehen wollen ... Schaue einfach nur
mit deinem geistigen Auge, ohne irgendetwas zu erzwingen ... Die Bilder können eventuell etwas verwirrend
sein, wenn du Dinge siehst, die dir bisher noch nicht
vertraut erscheinen, weil es sich um Begebenheiten handelt, die bisher noch nicht in deinem Leben existieren,
oder sie können klar verständlich sein – etwa wenn du
dich kurz vor einem Urlaub mit einem lieben Menschen
am Strand herumtollen siehst. Es können auch Farben*

oder Symbole auftreten. Wenn dies der Fall ist, lohnt es sich, im Anschluss zu erkunden, was diese bedeuten, denn dein Unterbewusstsein will dir damit etwas mitteilen ...

Wenn du fertig bist oder bemerkst, dass dich das mediale Zukunftssehen langsam anstrengt, trenne die energetische Verbindung zur Kerze, indem du deinen Energiefühler zurückziehst, und schließe dein Drittes Auge, indem du den Kelch wieder auf ein normales, für den Alltag brauchbares Maß schrumpfen lässt ... Das können etwa drei Zentimeter sein oder weniger, ganz wie du dich wohlfühlst. Dann puste die Kerze aus.

Im Anschluss an die Übung kannst du deine Bilder aufschreiben. Zum Teil kannst du auch jetzt schon anfangen, sie zu interpretieren. Die meisten Dinge werden sich dir jedoch erst in der Zukunft erklären, wenn sie für dich eine Bedeutung haben. Als Zweifler kannst du nun zu den bereits plausiblen Bildern sagen: "Gut, ich sehe mich am Strand, ist ja klar, ich wollte ja auch ans Meer in den Urlaub fahren." Oder du kannst anmerken: "Schön, ich sehe mich im Sonnenschein am Strand herumtollen und wir haben Spaß, dann wird es ja mindestens einen Tag mit gutem Wetter geben."

Es macht auf jeden Fall Sinn, dich für diese Übung auf Bilder in der nahen Zukunft auszurichten. Dann hast du eine bessere Möglichkeit, sie zu überprüfen, wenn sie noch in deinen Gedanken sind, und gewinnst ein stärkeres Vertrauen in deine hellsichtigen Fähigkeiten. Wenn du zu weit in die Zukunft schaust, siehst du möglicherweise Fragmente, mit denen du noch nichts anfangen kannst, und fragst dich, was das soll. Das kann dich demotivieren und dir schnell die Lust an den Übungen nehmen. Ich sah in meinen frühen Übungen viele Jahre, bevor meine Eltern auf die Idee kamen, sich ein Haus zu bauen, ein Bild ihres zukünftigen Hauses und war damals sehr enttäuscht, weil ich einfach nicht wusste, was mir dieses Bild sagen sollte, wo ich das Haus doch noch nie gesehen hatte und in der Vision keine Personen dabei waren, denen ich es hätte zuordnen können.

Vernachlässige auch bitte nicht die Reinigungsarbeit an deinem Energieskelett! Denn sonst nutzt dein Unterbewusstsein die Gelegenheit, um sich bemerkbar zu machen, und du bekommst unklare Bilder, die vielleicht gar nichts mit deiner Zukunft zu tun haben. Wenn du dein Energieskelett aber pflegst und klärst, kannst du durch diese Übung zu einem immer gelasseneren Umgang mit deiner Zukunft gelangen und ganz nebenbei mehr Vertrauen in dein Leben und deine medialen Fähigkeiten erlangen.

Mache diese Übung nicht zu lange oder zu häufig am Anfang, da es sehr wahrscheinlich ist, dass du sonst Kopfschmerzen bekommst. Außerdem hast du wenig davon, wenn du dich mit Eindrücken und Bildern überlädst, die du kaum einordnen kannst. Sei auch nicht ungeduldig, wenn die Übung nicht gleich funktioniert! Es braucht seine Zeit, deine hellsichtigen Fähigkeiten auf diese Weise zu nutzen.

Eine Übung zum Hellhören

Öffne dein Bewusstsein und warte, was zu dir strömt!

Begib dich an einen Ort, an dem du ungestört bist, und setze dich aufrecht hin. Atme einige Male tief ein und aus und lass alle Sorgen und Gedanken los, die dich jetzt noch beschäftigen ... Atme tief und gleichmäßig und gehe immer tiefer in deine wohlige Entspannung ... Dann atme weißes, kosmisches Licht durch dein Kronenchakra ein und leite es bis hinunter in dein Wurzelchakra, damit du dich erden und mit deinen Wurzeln im Erdreich verankern kannst ... Leite das Licht mit deinen Wurzeln weiter bis in die Erde hinein. Stelle dir dabei vor, dass in dir eine Säule aus weißem Licht ist, die dich mit der Erde und dem Kosmos verbindet und dir Halt gibt ... Wenn du im Vorfeld kein Schutzritual gemacht hast, stelle dir jetzt vor, wie du vollkommen beschützt bist und deine Aura von einer weißen Kugel vollständig schützend umgeben ist ...

Während du tief und gleichmäßig ein- und ausatmest, gleitest du immer tiefer in eine wohlige Entspannung ... Mit dem nächsten Atemzug atme wieder weißes Licht in dein Kronenchakra und visualisiere vor deinem geistigen Auge, wie es sich jetzt wie die Blüte einer Blume öffnet ... Dann atme mit dem nächsten Atemzug weißes Licht in dein Kehlchakra und stelle dir vor, wie auch dieses Chakra sich öffnet wie eine Blume ... Gehe tief in deine meditative

215

Entspannung oder deine Trance und stelle dir vor, wie dein Geist jetzt leer ist und bereit, eine Botschaft zu empfangen ... Dann rufe mental das Geistwesen, das du befragen möchtest, oder auch dein Höheres Selbst und formuliere deine Frage ... Sprich zum Beispiel innerlich: "Ich rufe dich, mein Geistführer! Bitte sage mir, warum bin ich im Moment nicht glücklich in meinem Leben?" Oder sage: "Ich rufe die hohen Geistwesen des Lichtes, bitte sagt mir, was ich tun kann, damit es mir besser geht!" Stelle dir vor, wie deine Frage den geistigen Raum durchdringt und deinen Geistführer oder das entsprechende Wesen erreicht, von dem du dir Hilfe erhoffst ... Dann entspanne dich weiter und lehne dich passiv in dir zurück ... Versuche nicht, zwingend mit deinen Ohren zu hören. Wenn du entspannt bist und nicht krampfhaft versuchst, etwas zu hören, geht es leichter ... Es ist möglich, dass du etwas im Außen hörst. Es kann leise oder weit entfernt klingen oder so, als ob jemand direkt neben dir steht ... Der einfachere und weniger energieaufwendige Weg des Hellhörens findet jedoch nicht über die Sinne, sondern über deine Gedanken statt ... Deshalb lehne dich zurück und warte ab, was kommt ... Du wirst vielleicht einen Gedanken hören, der dir zuflüstert: "Ich bin hier!" Oder er begrüßt dich in einer anderen liebevollen Art ... Vielleicht wirst du auch einige Gedanken bekommen, die sich bereits auf die Beantwortung deiner Frage beziehen.

Die Gedanken kommen bei einem hohen Lichtwesen immer sanft und freundlich oder wie aus der Ferne – und nicht plump und prompt. Lass den Gedankenfluss zu ... Im ersten Moment kann es sein, dass du noch nicht bemerkst, dass es nicht deine eigenen Gedanken sind ... Dein Gespür für den Unterschied zwischen eigenen und fremden Gedanken entwickelt sich gerade erst. Du hast schließlich noch nie den Versuch unternommen, zu differenzieren und zu untersuchen, ob alles, was dir in den Sinn kommt, auch wirklich deine Gedanken sind. Du hast sie sicher noch nie so genau beobachtet ... Lass die aufkommenden Gedanken fließen und spüre, ob du zusätzlich zu ihnen auch die Präsenz eines Wesens fühlst ... Fühlt es sich eher männlich oder eher weiblich an? ... Wirkt es alt und weise oder leicht und lichtvoll? ... Lass die Gedanken weiter fließen ... Wenn du deine Antwort bekommen hast, bedanke dich bei dem Geistwesen und schließe deine Chakren wieder, indem du die Blüten wieder schließt.

Notiere dir anschließend das Erfahrene. Vielleicht war es nur ein klarer Satz, vielleicht auch mehr. Vielleicht waren es auch erst einmal einfache Worte. Notiere dir alles, ganz egal wie wenig es ist oder wie seltsam es sich anfühlt. Du übst schließlich erst, auf der mentalen Ebene zu hören. Übe Schritt für Schritt! Du bist am ersten Tag auch nicht auf dein Fahrrad gestiegen und gleich losgefahren.

Ich persönlich empfinde es als leichter, sich dem Fluss der Gedanken hinzugeben, wenn man nicht versuchen muss, sich diese zu merken. Daher empfehle ich, diese Übung mit dem empfangenden medialen Schreiben zu verbinden und gleich alles aufzuschreiben, während dir die Gedanken in den Kopf kommen. Wenn du mehrere Geistwesen empfängst, bitte sie, sich nacheinander zu Wort zu melden, sonst kommst du völlig durcheinander.

Achte bitte auch bei dieser Übung darauf, dich nur an hochstehende Geistwesen zu wenden, denn sonst kannst du möglicherweise wirren Kauderwelsch empfangen, der dir zwar zeigt, dass du etwas empfängst, der aber für dich keinen Sinn ergibt. Übe, übe und übe! Jedes Wort, jeder Gedanke ist ein kleiner Erfolg auf dem Weg zum Hellhören.

Das mediale Schreiben

Folge dem Fluss des Schreibens und
du wirst staunen, wohin die Worte dich bringen!

Das empfangende mediale Schreiben

Lass die Gedankenströme durch
dich hindurchfließen und schreibe mit.

Wie bereits im Kapitel "Mediales Schreiben" auf Seite 64 ff. beschrieben, ist zwischen dem automatischen und dem empfangenden medialen Schreiben zu unterscheiden.

Für das empfangende mediale Schreiben legst du dir bitte einen Zettel und einen Stift zur Seite, wendest die vorangegangene Übung zum Hellhören an und schreibst ganz ohne Wertung einfach jeden Gedanken auf, der dir in den Kopf kommt. Es können am Anfang auch einfache Worte oder Wortketten sein ... Schreibe alles auf und unterbrich dich nicht durch eigene Gedanken oder Zweifel. Der Gedankenfluss kommt dann von ganz allein ... Durch das Aufschreiben kannst du die Gedanken besser loslassen, und sie können auf diese Weise leichter fließen ... Schreibe, schreibe immer weiter und denke nicht nach ... Schreibe – mit deinem Bewusstsein auf dein Geistwesen gerichtet – alle Gedanken auf, die kommen, ohne dabei zu denken. Das klingt paradox, ist aber nach der richtigen Sende- und Empfangsaus-

richtung der zweitwichtigste Schlüssel zum medialen Hören und Schreiben.

Beende die Übung wie in den vorangegangenen Kapiteln beschrieben.

Lege dein Schreibzeug dann erst einmal beiseite und sieh dir das Geschriebene später noch einmal an. Wie wirkt es auf dich? Ist es deine Art zu schreiben oder eher nicht? Ist es deine Art zu formulieren oder nicht? Enthält es Informationen, die dich weiterbringen? Diese Auswertung kannst du nach der medialen Übertragung gern machen. Sie hilft dir dabei, deine Erfahrungen besser einordnen und immer besser differenzieren zu können zwischen eigenen und fremden Gedanken. Je besser deine Wahrnehmung dazu wird, desto leichter wird es dir in Zukunft gelingen, diese Übung erfolgreich zu meistern.

Das automatische mediale Schreiben

Leihe deine schreibende Hand einem Geistwesen.

Diese Übung ist für dich geeignet, wenn du eher körperbetont bist und es dir schwerfällt, dich von deinen Gedanken für ein Geistwesen freizumachen. Für das automatische mediale Schreiben solltest du jedoch innerlich dafür bereit sein, eine fremde Energie durch deine Hand und deinen Arm fließen zu lassen. Wenn dir das Unbehagen bereitet, mache diese Übung nicht! Du benötigst für die Übung ein Blatt Papier und einen Stift, der leicht schreibt, so dass wenig Druck ausgeübt werden muss.

Nimm diesen Stift zwischen Daumen und Zeigefinger ganz leicht in deine Hand, ohne ihn weiter zu stützen. Du kannst auch probieren, ob du den Stift lockerer in der Hand hast, wenn du ihn weiter oben hältst.

Dann erde dich, aktiviere deinen Schutz und begib dich in einen Zustand der meditativen Entspannung ... Wenn du so weit bist und deine Hand locker hältst, bitte ein Geistwesen deiner Wahl, sich dir über den Stift mitzuteilen, und erlaube ihm, dazu deine Hand zu nutzen ... Am besten ist es, wenn du eine einfache, konkrete Frage stellst, die du vorher auf dem Blatt notierst, denn sonst kann es gerade zu Beginn der Übungen dazu kommen, dass das Geistwesen durch dich einfach nur verschiedene Kritzel, Schnörkel und Formen auf das Blatt malt. Dann warte, was passiert, und lass deine Hand schreiben, ohne dabei nachzudenken ...

Wenn du mit der Übung fertig bist, bedanke dich bei dem Geistwesen, atme ein paar Mal tief ein und aus und schüttle deine Hände aus. Gehe wieder in dein Tagbewusstsein und widme dich einer erdenden Beschäftigung! Lege das Blatt beiseite und schaue es dir zu einem späteren Zeitpunkt an.

Bemerkst du einen Unterschied in der Schrift oder der Wortwahl? Ergibt die Antwort, die du bekommen hast, einen Sinn für dich?

Es kann, wie bereits bemerkt, sein, dass du zunächst nur Gekrakel auf deinem Blatt vorfindest. Das kann daran liegen, dass auch diese Form der medialen Übertragung zunächst geübt werden muss und du erst nach einer Weile besser damit umgehen kannst. Möglicherweise liegt es aber auch daran, dass es dir schwerfällt, die Kontrolle über deinen Arm abzugeben. Wenn dem so ist, suche dir eine andere Form der medialen Übertragung, die dir leichter fällt. Mir persönlich ist das automatische Schreiben zu energieaufwendig. Für mich ist es einfacher, mich in Trance zu begeben und alles mitzuschreiben, was ich empfange. Doch das ist bei jedem unterschiedlich. Darum probiere aus und fühle in dich hinein, wozu du dich am meisten hingezogen fühlst.

Das mediale Sprechen

Überlasse dich ganz dem Sprechen!
Die Botschaft kommt wie von selbst.

Mit dem medialen Sprechen verhält es sich in den meisten Fällen wie mit dem empfangenden Schreiben. Nur ist der Moment zwischen der Aufnahme eines Gedankens und dem Aussprechen desselbigen oft so gering, dass man ihn kaum wahrnimmt. Automatisches mediales Sprechen ist sehr selten, da hierfür die Kontrolle über den dafür genutzten Muskel- und Stimmapparat abgegeben werden muss.

Du kannst dir für das mediale Sprechen ein Diktiergerät besorgen, das du anstellst, sobald der Gedankenfluss beginnt. Folge auch bei dieser Übung den Anweisungen in der Übung für das Hellhören. Du solltest dabei bequem und aufrecht sitzen.

Zum Öffnen und Lockern deines Kehlchakras kannst du ein paar Mal gähnen. Das weitet und entspannt. Spüre die Energiesäule in deinem Körper ... Lehne dich quasi an sie an ... Lass deinen Kopf ganz leicht nach hinten kippen, so wie es sich für dich entlang der Energiesäule gut anfühlt ... Lockere deinen Kiefer und lass ihn, ohne deine Muskeln anzuspannen, einfach entspannt hängen ... Wenn du so weit bist und alle Übungsschritte gemacht hast, warte auf die ersten Gedanken, die in dich einströmen, und sprich sie ohne große Anstrengung aus ... Sprich alles aus, was kommt, baue keine Spannung auf und halte nicht dagegen, sondern sprich ganz leicht mit dem Gedankenfluss mit. Es sollte dich nicht anstrengen. Gehe den Weg des geringsten Widerstandes und mache alles so, wie es sich am leichtesten anfühlt, ganz so wie es fließen will. Korrigiere wenn nötig deine Körperhaltung, wenn es dann leichter für dich ist.

Wie fühlt sich die Übertragung an? Wie fühlt es sich an, auf diese Weise zu sprechen oder vielmehr dich dem Sprechen zu überlassen? Klingt deine Stimme anders als sonst? Hat das Gesprochene eine andere Intonation, als du sie normalerweise hast? Klingen die Worte vielleicht monotoner, abgehackter oder melodiöser, als du sonst sprichst? Das alles können Anzeichen dafür sein, dass du bereits deine ersten erfolgreichen Schritte auf dem Weg zum medialen Sprechen machst. Übe weiter, wenn dir diese Art des Channelns Freude bereitet, und nach einer Weile wirst du bemerken, dass es dich nun zu sehr anstrengt oder es kommen keine Gedanken mehr. Dann beende die Übung. Bedanke dich für den Kontakt, schließe deine Chakren, wie weiter oben beschrieben, und komme wieder zurück in dein Alltagsbewusstsein. Werte auch diese Übung erst mit einem kleinen zeitlichen Abstand aus.

Traumbotschaften

So manche Erfindung wurde im Traum gemacht.

Wenn es dir tagsüber schwerfallen sollte, deine medialen Fähigkeiten anzuzapfen, kannst du versuchen, im Traum oder in der Phase des Einschlafens oder Erwachens zu deinen Antworten zu kommen. Jeder Mensch träumt, sogar blinde Menschen tun das. Es ist nur eine Frage des Sicherinnerns. Du hast mehrere Möglichkeiten, das Erinnern an deine Träume zu trainieren. Zum einen kannst du dir vor dem Einschlafen vornehmen, dich an deine Träume zu erinnern und die geistige Welt dabei um Unterstützung bitten. Eine andere Möglichkeit ist es, sich den Wecker zu einem Zeitpunkt in der Nacht oder am frühen Morgen vor deiner gewohnten Aufstehzeit zu stellen und dabei zu hoffen, dass es zeitlich möglichst dicht an deinem Traum liegt. Deine Aufmerksamkeit sollte auf das Wahrnehmen und Erinnern deines Traumes gerichtet sein, nicht auf die Kette von Tätigkeiten und Aufgaben, die auf dich zukommen, wenn du aufstehst. Am besten ist es also, wenn du diese Übung an einem Wochenende machst oder genug Zeit hast, dich mit deiner Traumforschung auseinanderzusetzen. Richtig effizient wäre es, wenn du jemanden kennst, der dich aufmerksam beobachtet und anhand der flackernden Augenbewegungen, die man während des Träumens macht, erkennt, dass du gerade träumst, und dich dann wecken kann. Mit der Zeit wirst du feststellen, dass du oft zu den gleichen Zeiten träumst, und kannst dich darauf einrichten.

Lege dir vor dem Schlafengehen Zettel und Stift neben das Bett, damit du deine Ergebnisse gleich notieren kannst, ehe du sie vergisst. Sobald du aus einem Traum erwachst, beginnst du also damit, ihn aufzuschreiben – und auch wenn es zunächst nur Kleinigkeiten sind, an die du dich erinnerst, schreibe sie auf. Du wirst bemerken, dass dir beim Schreiben immer mehr in Erinnerung kommt. Wenn du dann ein vertrauteres Gefühl zu deinen Träumen bekommst und bemerkt hast, dass du dich an sie erinnern kannst, wage dich an den nächsten Schritt – die Traumbotschaft.

Wenn du nicht möchtest, dass deine Botschaft allzu stark von den Aufräumarbeiten deines Unterbewusstseins durchdrungen ist, das deine täglichen Eindrücke, Gedanken und Sorgen verarbeitet, ist es sehr sinnvoll, zunächst die Reinigungsübung aus dem Kapitel "Das Energieskelett reinigen, stärken und schützen" (Seite 175 ff.) zu machen, in der du deine Aura reinigst und anschließend wieder schützend schließt. Nutze dafür eine gleichmäßige Atmung und die visuelle Vorstellung einer Lichtdusche aus weißem Licht, wie sie beschrieben wird, und schließe deine Aura danach in eine weiße runde oder ovale Lichtkugel ein.

Jetzt kannst du dich an den nächsten Schritt machen.

Begib dich durch eine langsame und gleichmäßige Atmung in einen entspannten Einschlafzustand und konzentriere dich dabei auf die Fragestellung, die dir am Herzen liegt, und gegebenenfalls auf die Geistwesen, von denen du dir Antworten erhoffst. Du kannst die Fragestellung auch ganz klar an dein Höheres Selbst adressieren. Wenn du konkrete Wesen ansprichst, werden sie dir auch behilflich sein. Konzentriere dich nun beispielsweise auf die Frage: "Was ist momentan wichtig für meine seelische Entwicklung?" Oder: "Was wird am morgigen Tag wichtig für mich sein?" Nimm dir vor, dass du die Antwort erhältst und dich an sie erinnern kannst, wenn du aufwachst, und begib dich vertrauensvoll in deinen Schlaf ...

Es ist möglich, dass du einen symbolhaften Traum hast oder am Morgen einen bestimmten Satz oder Gedanken im Kopf trägst. Notiere dir alles, was dir dann gerade in den Sinn kommt. Je mehr du dich auf deine Träume einlässt, desto umfangreicher und klarer werden deine Erinnerungen sein.

Mit der Zeit kannst du so zu einer richtig guten spirituellen Führung gelangen, die dich optimal auf dein Tagesgeschehen und deine Entwicklungen vorbereitet oder dir die Lösung für eine Aufgabe oder ein Problem liefert.

Ein Beispiel hierzu ist aus dem kreativen Bereich. Während des Studiums entwarfen wir in der Gruppe einmal eine Kollektion, bei der wir uns vornahmen, ganz besondere Möglichkeiten von Verschlüssen einzuarbeiten. Wir grübelten über mögliche Lösungen in der Umsetzung und nahmen unsere Gedanken mit in den Schlaf. Am nächsten Morgen kamen eine Freundin und ich mit derselben tollen Lösung in die Gruppe, die wir beide im Traum gesehen hatten. Wir waren wahnsinnig froh über unsere Lösungsfindung – und ein wenig entrüstet, dass wir dieselbe gefunden hatten. Unser Unterbewusstsein hatte konstruktiv weitergearbeitet, während wir schliefen.

Gerade wenn du also nach neuen Lösungen und Möglichkeiten suchst, ist der Weg abseits der Begrenzungen unserer alltagsbewussten Gedanken und Erfahrungen ein Erfolgsgarant. Wir können im Traum auf unsere geistigen Helfer, die Akasha – den Wissensspeicher unserer Erde – und das kollektive Unterbewusstsein zugreifen. Wir sind daher in unserer Lösungsfindung nicht begrenzt auf unser bisheriges Wissen und unsere bisherigen Erfahrungen und können richtig innovativ sein. Es ist wundervoll, wie vielschichtig unsere Möglichkeiten sind. Also – heureka! Worauf wartest du noch?

Teil III:

Letzte Fragen

Durchsage oder Phantasie?

Spüre die Wahrheit in deinem Herzen und prüfe mit deinem Verstand den Sinn einer Botschaft.

Eine Antwort darauf, ob es sich bei einer Information um eine Durchgabe aus der geistigen Welt oder um die eigene Phantasie handelt, ist zunächst einmal abhängig von der Position des Betrachters. Es gibt Menschen, die an die Existenz verschiedener geistiger Wesenheiten und die Möglichkeit der Kommunikation mit ihnen glauben. Und es gibt jene, die mediale Aktivitäten als Schöpfungen des kollektiven Unbewussten, des kollektiven Bewusstseins, innerer Persönlichkeitsanteile oder als eine Folge von Selbsthypnose betrachten. Dazu kommen jene, die Medialität ganz als Scharlatanerie verurteilen. Bemerkenswert dabei ist, dass, obwohl viele Menschen Medialität als Humbug ablehnen, dennoch der größte Teil an einen Schutzengel glaubt. Wenn wir uns in den Bereichen erweiterter Wahrnehmung befinden, lösen sich Grenzen auf, die wir uns im alltäglichen Leben normalerweise durch unsere Wahrnehmungsfilter setzen. Es stellt sich für viele die Frage, ob wir die Geistwesen nur sehen, weil wir an sie glauben, oder ob wir an sie glauben, weil wir ihre Existenz tief in uns spüren.

Ich bin kein Mensch, dem es leichtfällt, etwas vorschnell zu glauben. Die Geistwesen haben mich jedoch mit ihren wertvollen Botschaften und Ratschlägen sowie ihren beweisbaren und nachvollziehbaren Aussagen immer wieder an die Kostbarkeit ihrer Existenz erinnert. Auch wenn ich es ihnen anfangs mit meinen ewigen Diskussionen, ob sie überhaupt existieren, nicht gerade leicht gemacht habe, so habe ich sie dennoch immer gespürt. Daher richte ich meine Frage an dich: Was fühlst du tief in deinem Herzen? Die Wahrheit für dich spürst du in deinem Herzen. Wenn etwas für dich nicht stimmt, hast du ein seltsames Gefühl dabei. Also ist mein erster Rat, wenn es darum geht herauszufiltern, ob etwas wahr oder falsch für dich ist: Fühle immer, ob es sich für dich richtig und echt anfühlt! Die Grenze zwischen Wahrheit und Phantasie verläuft oft fließend und erfordert Wachheit und ein gewisses Maß an Objektivität. Die Phantasie ist dabei nicht falsch oder unwahr an sich.

Letztendlich ist ohne die Phantasie keine kreative Vorstellungskraft möglich. Und gerade die brauchst du, um das Tor zu den anderen Ebenen zu öffnen. Dann, wenn du das Tor durchschritten hast, kommen die Informationen, Botschaften und Bilder von allein, ganz ohne deine bewusste Vorstellungskraft. Dieses selbstständige Fließen der Eingebungen und Informationen ist ein Zeichen dafür, dass du dich nicht mehr nur im Reich deiner Phantasie befindest, umso mehr, wenn du erstaunt und neugierig sowie beinahe wie ein Zuschauer betrachtest, was du empfängst. Wahrhaftige Durchsagen sind nicht einfach nur phantasievoll, unterhaltsam und bunt. Sie bereichern dein Bewusstsein und erweitern deinen Horizont. Alles, was existiert, entsteht zuerst im Geist. Du wirst allerdings nie beweisen können, dass es nur dein Geist war, dem etwas eingefallen ist oder der etwas Besonderes erfunden hat. Denn der Geist ist mit allem verbunden, und durch deine Medialität öffnest du dich genau für diese Verbindung. Auf die Frage, ob es sich um Durchsagen oder reine Phantasie handele, sagte ein Geistwesen einmal zu mir: "Was spielt das für eine Rolle, wenn es dich weiterbringt?" Es besteht das kosmische Gesetz, dass alles, was existiert, zuerst im Geist entsteht. Wenn du einen Einfall oder eine geniale Idee hast, wirst du zum Beispiel nie beweisen können, dass es nur dein Geist war, dem etwas eingefallen ist oder der etwas Besonderes erfunden hat. Möglicherweise hat ein anderer an einem ganz anderen Ort unseres Planeten gerade genau dieselbe Eingebung gehabt. Aber es wird seinen Sinn haben. Denn der Geist ist mit allem verbunden. Durch deine Medialität öffnest du dich genau für diese Verbindung.

Wenn du gelernt hast, zu beobachten und zu spüren, wirst du die Präsenz eines Geistwesens bemerken und sie von deiner eigenen unterscheiden können. Du wirst die körperlichen und emotionalen Empfindungen dabei wahrnehmen und wissen, dass ein Geistwesen zu dir spricht. Die meisten höher stehenden Geistwesen schenken bei der Übertragung sehr viel Energie und zutiefst positive Gefühle. Du wirst dich anders fühlen als beim bloßen Phantasieren. Zudem neigen einige Geistwesen auch dazu, sich äußerlich bemerkbar zu machen. Wenn du eine Botschaft erhältst, mit der du überhaupt nicht gerechnet hättest oder die Informationen enthält, von denen du bisher nichts wusstest, ist die Wahrscheinlichkeit zusätzlich groß, dass du dir diese nicht selbst ausgedacht hast. Wenn sie deinen bisherigen Horizont erweitert und du dich freust, was du interessantes Neues erfahren hast, ist davon auszugehen, dass du eine Durchsage erhalten hast oder zumindest in höhere Bewusstseinsbereiche deines Selbst vorgedrungen bist, die dir mehr vermitteln können als es dein normal – bewusster und an deine bisherigen Erfahrungen gebundener Verstand kann. Dennoch: Prüfe mit deinem Verstand die Sinnhaftigkeit der Botschaft. Und fühle tief in deinem Herzen, ob sie sich wahr anfühlt.

Wie unterscheidet man hohe von niederen Wesen, nützliche von schadhaften Informationen?

Eine nützliche Botschaft bringt dich im Leben
vorwärts und bestärkt dich, eine schadhafte
Information verunsichert dich und hinterlässt
ein ungutes Gefühl in dir.

In der Regel ist es äußerst selten, dass hohe Geistwesen ungefragt zu dir sprechen, zumindest wenn es um Ratschläge oder gar
Anweisungen für dich geht, denn sie respektieren unseren freien
Willen. Natürlich können sie sich zeigen, ohne dass du sie rufst,
etwa um dir mitzuteilen, dass sie noch da sind oder um dich zu
ermutigen. Denn sie freuen sich, wenn du wieder mit ihnen
sprichst. Wenn sie dir ungefragt Informationen vermitteln, dann
in extremen Momenten oder an Scheidepunkten in deinem
Leben, an denen du deine Lebensaufgabe oder dich selbst aus

den Augen verlieren könntest. Auch wenn dein Leben in Gefahr ist oder wenn du mit ihnen vereinbart hast, dass sie dich unterstützen sollen, indem du um ihre Führung oder eine Vorwarnung für bestimmte Situationen gebeten hast, können sie sich ungebeten zu Wort melden.

Ich sage dir gleich, sie werden dich nicht ewig und immerzu vor Lebenssituationen bewahren oder bei Gefahren vorwarnen. Denn höher energetische Wesen sind bestrebt, dich in deiner Entwicklung zu fördern. Sie wollen, dass du selbst in der Lage bist, dein Leben zu meistern und wachsam auf dich achtzugeben. Hohe Wesen haben den Wunsch, dich im Sinne des großen Ganzen zu fördern. Sie wollen, dass du selbstständig deinen Weg gehen kannst, und unterstützen dich dabei mit ihrer Energie und ihrem Rat. Sie machen dir Mut und motivieren dich – und sie fordern dich ebenso auf, an deiner Persönlichkeit und an deinem Charakter zu arbeiten.

Sie fühlen sich in ihrer Energie und Ausstrahlung weise und positiv an. Du merkst genau, dass sie einen anderen Blickwinkel und ein höheres Bewusstsein haben. Ihre Ratschläge machen für dich tief in deinem Inneren Sinn und verwirren dich nicht. Sie würden dich nie ängstigen oder demotivieren und nichts von dir verlangen, was du nicht selbst tun willst. Wenn du mit einem höher energetischen Geistwesen Verbindung hast, fühlst du dich hinterher aufgeklärt und gut. Vielleicht hast du ein schlechtes Gewissen, weil du dich so lange nicht mehr gemeldet hast, aber dieses Gefühl ist deines. Das Geistwesen würde dir dieses Gefühl nicht übermitteln. Die Informationen und Ratschläge eines höheren Geistwesens fühlen sich daneben plausibel an und lassen sich positiv in deinem Leben anwenden und verwirklichen. Mit ihnen entwickelt sich ein Gefühl der Sicherheit und Geborgenheit im Leben.

Anders verhält es sich bei niederen Geistwesen. Ihre Botschaften können sich als überzogen, unwahr oder belanglos herausstellen.

Sie geben dir nichts, was dich weiterbringt, und verwirren dich im schlimmsten Fall noch. Solche Wesen fühlen sich nicht an, als hätten sie eine höhere Weisheit, die sie dir übermitteln könnten. Du hast dabei auch in der Regel ein mulmiges Gefühl, dass durch niedere Geistwesen noch verstärkt werden kann. Es gibt einige niedere Geistwesen, die sich von Angst und Unsicherheitsgefühlen ernähren. Ein hohes Geistwesen jedoch macht dir keine Angst. Es schreibt dir nicht vor, was du zu tun hast, und es macht dir keine leeren Versprechungen. Es bedroht dich nicht und macht dir kein schlechtes Gewissen. Es gibt dir einen Rat, aber bevormundet dich nicht. Es gibt dir Energie und entzieht sie dir nicht.

Niedere Geistwesen dagegen entziehen häufig Energie, wo sie nur können. Du kannst dich durcheinander, emotional verwirrt und schlapp fühlen nach einem medialen Kontakt mit ihnen. Während ihrer Präsenz kannst du Kälte, Dunkelheit, Verworrenheit oder andere unangenehme Gefühle spüren. Niedere Geistwesen äußern sich oft auf eine plumpe oder auch manipulative Weise, manchmal hetzen sie sogar Menschen gegeneinander auf oder wollen dich zu etwas anstacheln, das du eigentlich gar nicht tun willst. Sie können Tätigkeiten oder Versprechungen von dir fordern – etwas das höhere Geistwesen nicht tun würden. Höhere Geistwesen werden nichts tun, was dich aus deinem Lebensablauf herausreißt, dich verunsichert oder herunterzieht. Selbst wenn sie dir schwierige Dinge vermitteln, geben sie dir die Unterstützung und den Halt, um diese gut zu verarbeiten. Sie lassen dich nicht verwirrt zurück und nehmen große Rücksicht auf dein Wohlbefinden.

Als allgemeinen Grundsatz für das Einordnen von nützlichen und bedenklichen Botschaften kann man folgende Bewertung anwenden: Wenn du dich nach dem Channeling psychisch und körperlich schlecht fühlst oder Drohungen oder Bevormundung Teil der Übertragung sind, ist Vorsicht geboten! Wenn du dich jedoch klar und positiv fühlst und konstruktive Ratschläge erhältst, die dich in deinem Leben weiterbringen, dann kannst du von nützlichen Botschaften sprechen.

Nutze bei der Auswertung deiner gechannelten Informationen immer deinen gesunden Menschenverstand und kläre die Botschaften mit deinem eigenen Bauch- und Herzgefühl ab! Dann kannst du nichts falsch machen.

Zweifler

*Belasse einen Zweifler dort, wo er ist,
und gehe weiter deinen Weg.*

Zweifler sind gerade zu Beginn deiner medialen Entwicklung nicht sehr hilfreich. Sie blockieren das Ausstrecken deiner medialen Fühler mit ihren Gedanken, als wollten sie sich damit selbst etwas beweisen. Meide während der empfindlichen ersten Entwicklungsphase solche Menschen möglichst, da sie dich demotivieren und dir Energie rauben. Wenn du mehr Routine mit deinen medialen Fähigkeiten hast, wird es leichter, trotz ihrer lauten Gedanken deinen Weg zu gehen. Du kannst dich dann entscheiden, ob du sie bittest, den Raum zu verlassen, oder ob es dir ausreicht, sie einfach zu ignorieren und dich voll und ganz auf deinen medialen Prozess zu konzentrieren. Zweifler können sehr laut sein. Wenn ein Zweifler sich zu dicht in deiner Aura befindet und du die ganze Zeit seine Gedanken darüber hörst, für was für einen Blödsinn er dein Wirken hält, kann dich das sehr ablenken. Versuche dann, für einen räumlichen Abstand zu sorgen.

Wenn du irgendwann öffentlich arbeitest, wirst du bemerken, dass es auch noch die fordernden Zweifler gibt, die zu dir kommen, weil sie beweisen wollen, dass es keine Medialität gibt. Im Grunde haben sie kein anderes aufrichtiges Anliegen und wollen dir gleich zu Beginn Kontrollfragen stellen. Du musst darauf nicht eingehen. Es ist eine Gabe, die du anderen zur Verfügung stellst, um ihren Blick zu erweitern und ihr Leben zu bereichern. Für Jahrmarktsattraktionen bist du nicht zu haben. Wenn du auf deine Fähigkeiten und deine geistigen Helfer vertraust, wirst du eine passende Antwort für solche Menschen haben. All jene, die offenen Herzens zu dir kommen, werden schnell Bestätigung für die Richtigkeit der Übertragung erhalten und diese annehmen können. Mir sagten die Geistwesen zu diesem Thema einmal: "Man bekommt in gleichem Maße eine ehrliche Antwort, wie man auch eine ehrliche Frage stellt." Wenn also jemand zu dir kommt und dir erzählt, dass er Single ist, und du siehst, dass er verheiratet ist, frage ihn, ob er ernsthafte Fragen beantwortet haben oder lieber gehen möchte. Wenn du als Medium für andere wirkst, bist du da, um zu helfen, nicht um dich beweisen zu müssen oder zur Schau zu stellen. Das ist einfach eine ganz andere Ebene des Wirkens – die eine handelt aus Liebe und Offenheit, die andere lässt sich in ihrem Ego einfangen.

Ein anderer möglicher Zweifler ist dein innerer Zweifler. Er ist ein natürlicher Bestandteil deines Selbst und meistens eng verbunden mit den Persönlichkeitsanteilen in dir, die Angst vor Veränderung oder vor Kontrollverlust haben. Wenn du den inneren Zweifler in deine Entwicklung als Medium integrierst und ihn daran teilhaben lässt, wie das mediale Wirken dein Leben bereichert, wird er nicht übermächtig und kann immer eine gute Rückversicherung sein, die dich vor Höhenflügen bewahrt. Meditiere mit ihm und zeige ihm die positiven Ergebnisse deines Wirkens, so kommst du gut mit ihm zurecht. Denn er hat seine Berechtigung und will dich nur vor möglichen Gefahren bewahren. Durch ihn wirst du immer wieder veranlasst, deine Erfahrungen zu hinterfragen, und kannst auf diese Weise immer sorgsam an dir und der Nutzung deiner Fähigkeiten arbeiten.

Probleme und Gefahren beim Channeln

Das Channeln sollte nie Macht über dein Leben
bekommen, sondern dir helfen, dein Leben
deiner Seele gemäß zu gestalten.

Nicht nur die Unterscheidung von hohen und niedrigen Energien und Wesenheiten ist wichtig bei der medialen Kommunikation. Es kann auch vorkommen, dass man die Durchgaben nicht von eigenen Wunschgedanken oder Ängsten lösen kann oder dass das Wesen, mit dem man kommuniziert, nicht den Stellenwert in der geistigen Hierarchie hat, den es vorgibt zu haben. Wie ich bereits auch an anderer Stelle erwähnte, kann es vorkommen, dass man sich gerade zu Beginn der medialen Entwicklung über Botschaften freut, die das Ego füttern und die einem das Gefühl geben, etwas Besonderes zu sein. Nicht immer sind Wesen, die sich auf diese Weise Gehör verschaffen, so hochenergetisch, wie sie vorgeben zu sein. Dementsprechend können ihre Botschaften und Antworten auf die Fragen des Mediums auch sehr begrenzt oder sogar unwahr sein.

Das fehlende Unterscheidungsvermögen, um zwischen den eigenen Wünschen und Ängsten und echten medialen Eingaben differenzieren zu können, sowie das Wahrnehmen von Aussagen und Ratschlägen von Wesen mit begrenzterem oder fragwürdigem Zugang zum kosmischen Bewusstsein kann bei einigen dazu führen, dass sie gleich an der ganzen Spiritualität zweifeln und ihre Suche aufgeben oder ihr Vertrauen verlieren. Andere wiederum bestehen gerade aus Angst vor ihrer Fehlbarkeit auf ihrer Unfehlbarkeit, halten störrisch daran fest und blockieren so ihre Weiterentwicklung.

Sei geduldig mit dir und der geistigen Welt! Sei achtsam und ehrlich zu dir selbst und lerne immer wieder, genau wahrzunehmen und das Fremde von deinen eigenen Impulsen zu unterscheiden! Beobachte, lerne und differenziere, denn nur so kannst du dich tatsächlich vertrauensvoll auf dem unsichtbaren Weg eines Mediums bewegen. Ich habe dir viele Hinweise gegeben, worauf du achten solltest, um fremde von eigenen Impulsen zu unterscheiden oder um deine innere Stimme neben dem lauten Gerede deines Egos zu erkennen. Unterscheide weiterhin sorgfältig und prüfe deine Channelergebnisse! Du wirst mehr und mehr lernen, welches Geistwesen dir besonders gut weiterhilft und welche Ratschläge und Aussagen am treffendsten sind oder sich bereits bestätigen und nachvollziehen ließen.

Achte bei der Auswahl des medialen Kontaktes bitte auch auf die Position und Intention deines Gesprächspartners. Ähnlich wie uns verschiedene Freunde zu den Fragen und Themen unseres Lebens unterschiedlich hilfreiche Ratschläge geben können, so sind auch die Fähigkeiten, Vorlieben, Hintergründe und Bewusstseinsebenen von Geistwesen verschieden. Dass du es mit einem Geistwesen zu tun hast, bedeutet noch lange nicht, dass dieses alles weiß und all seine Ratschläge nur zu deinem Vorteil und zu deinem Besten sind. Ich möchte dir hierzu ein kleines Beispiel geben, das mich ein wenig zum Schmunzeln gebracht hat. Vor kurzem rief mich eine Klientin an, die ganz durcheinander war, weil die Ameisen in ihrem Haus ihr mitgeteilt hatten, dass sie das Haus verlassen müsse. Sie war völlig verunsichert, weil sie sich in dem Haus sehr wohlfühlte und nicht schon wieder umziehen wollte. Ich sagte ihr, dass die Ameisen ihr natürlich eine solche Botschaft überbrachten, schließlich wollten sie gern in dem Haus leben ...

Bitte nutze immer auch deinen Verstand bei allem, was dir übermittelt wird, und sei dir über dich selbst sowie deine Wünsche und Bedürfnisse im Klaren, so dass du dich frei und bewusst immer für deinen eigenen Weg entscheiden kannst! Aktiviere immer deine Erdung und deinen Auraschutz! Denn es gibt in den niederen geistigen Ebenen Wesen, die sich andocken und deine Ängste und Unsicherheiten ausnutzen könnten. Das hört jedoch auf, je höher dein Energieniveau ist und je sicherer du wirst. Dann fallen diese Themen für dich nicht mehr an, und du bist nicht mehr anfällig für diese Wesen.

Weitere Störfaktoren beim Channeln können stark suggestive Gedanken, Ängste und Fragen eines Menschen sein, für den du die Übertragung machst. Nimm diese als das wahr, was sie sind, und grenze dich davon ab. Wenn du für andere medial kommunizierst, achte auch darauf, dass diese nicht zu dicht in deiner Aura sitzen, denn das kann sehr störend sein und dich zusätzlich Energie kosten. Übertreibe es anfangs auch nicht zu sehr mit der Häufigkeit und Dauer der medialen Übertragungen. Dein Bewusstsein und dein Energieskelett müssen sich erst an die neue Wahrnehmung gewöhnen. Wenn du dich zu sehr überforderst, kann es zu Schwindelgefühlen, starkem Kopfschmerz oder anderen körperlichen Schmerzen, wie Druckgefühlen im Körper, Schlappheit oder auch Kältegefühlen, kommen. Du kannst das Gefühl haben, als staue sich in einer Körperregion die Energie und als würdest du fast platzen.

Auch ist es möglich, dass du nach einer medialen Durchgabe emotional völlig durcheinander bist. In solchen Fällen ist es sehr gut, wenn du dich erdest und die gestaute Energie direkt an die Erde ableitest. Am besten ist es, sich hierzu tatsächlich direkt auf die Erde zu legen, tief zu atmen und die Energien auszuleiten. Auch mit der violetten Flamme kannst du dich reinigen und Stück für Stück deine Chakren und deine Aura durchgehen, indem du dir vorstellst, wie die violette Flamme der Transformation jedes einzelne Chakra und deine Aura reinigt und beruhigt. Manchmal will deine Seele die überschüssige Energie auch ausdrücken. Einen Energieüberschuss kannst du durch aktives Tun wieder ausgleichen, beispielsweise indem du plötzlich etwas singen oder tönen, etwas aufschreiben oder malen willst. Dann tue das und folge diesem Impuls!

Wenn du zu viele bewusstseinserweiternde Erfahrungen in kurzer Zeit machst, kann es außerdem zu Realitätsstörungen kommen. Es kann sein, dass du zeitweilig deine alltägliche Realität neben den anderen Realitäten als unwirklich empfindest. Mir ist das auch mehrfach passiert. Der längste dieser Zeiträume waren zwei Wochen, in denen ich mich gefühlt habe, als sei ich immer noch im Tempelschlaf und mein jetziges Leben sei nur eine der vielen Initiationsaufgaben. Ich lief mit immer wieder andauernden Visionen von Initiationsriten durch meinen Alltag und hatte Mühe, wieder zu landen. Das war noch zu der Zeit, in der ich studierte, und ich konnte mir diesen Ausflug leisten. In der Regel ist es aber so, dass wir ein Leben haben, in dem wir Verantwortung tragen, uns um unsere Kinder, unseren Beruf und unsere Miete kümmern müssen. Vergegenwärtige dir diese Aufgaben, wenn du zu sehr abdriftest! So sehr die Erfahrungen über die Unendlichkeit und die Illusion der Begrenztheit, die du auf der geistigen Ebene erfährst, auch stimmen – deine Geistführer können dir deine Miete nicht bezahlen, und auch um deine Gesundheit musst du dich selbst kümmern.

Achte bitte auch unbedingt darauf, dass du in deinem alltäglichen Leben Kontakte und Tätigkeiten hast, die dir Freude bereiten.

Denn durch den vielen Kontakt mit liebevollen Geistwesen oder Verstorbenen kann sonst ein zu großer Sog ausgeübt werden, der dir immer mehr das Gefühl gibt, dein reales Leben sei weniger lebenswert. Diese Erfahrung kann ohne gesunden Gegenpol zu Vereinsamung und sogar zu Depressionen führen.

Achte ebenfalls bitte immer auf deine Eigenständigkeit! Das Empfangen medialer Botschaften soll dein Leben bereichern, nicht zur Abhängigkeit führen! Um zu erkennen, ob deine Medialität sich gesund entwickelt, kannst du dich an folgendem Leitsatz orientieren: Lass das Channeln nie Macht über dein Leben gewinnen! Es soll dir helfen, dein Leben deiner Seele gemäß zu gestalten. Pflege die Entwicklung deiner Persönlichkeit, und kenne und erkenne dich selbst. Du bist kein fremdgesteuertes Wesen, das auf der Erde lebt, um Befehle auszuführen, sondern ein freier Mensch mit eigenen Empfindungen und Bedürfnissen. Fremdbestimmtheit ist eine große Gefahr in der Medialität. In schlimmen Fällen kann es auch zu Angststörungen und Wahnvorstellungen kommen. Wenn du dich nicht genug schützen kannst, dann verzichte bitte unbedingt auf mediale und bewusstseinsöffnende Techniken! Verschließe dann deine Aura, umgib dich mit ganz normalen Menschen und tue Dinge, die dich ganz alltagsnah in die materielle Welt abseits der geistigen Ebenen bringen.

Erste Hilfe, wenn man im Ungleichgewicht ist

Ein Gebet ist eine aufrichtige Form der Hilfesuche an die geistige Welt

Wenn du an einem Punkt angekommen bist, an dem deine Medialität dich belastet, dann mach eine Pause! Mit weiteren bewusstseinserweiternden Maßnahmen kannst du es noch schlimmer machen. Wenn du deine Aura selbst nicht schließen kannst und dich mental nicht gut genug schützen kannst, suche Hilfe auf! Einige gute Medien und Schamanen können dir helfen, deine Aura wieder zu reinigen und zu beruhigen, und dich im Ernstfall auch von schadhaften energetischen Einflüssen befreien.

Solltest du keinen vertrauensvollen Menschen kennen, der dich unterstützen kann, gibt es noch eine sehr wirksame und oft unterschätzte Möglichkeit, diese Hilfe aus der geistigen Welt zu erhalten, ohne dafür in einen medialen Zustand gehen zu müssen. Es ist das Beten. Aufrichtig und gezielt an deine Geistführer, an Engel oder Götter gerichtete Gebete sind sehr wirksam. Je inbrünstiger du bittest, desto wirksamer können diese Gebete sein. Bitte – und du wirst sehen, du bekommst Hilfe! Du kannst aus deinem tiefsten Herzen heraus um das bitten, was du dir erhoffst, oder auch ein gängiges, nicht zu langes Gebet verwenden, mit dem du dich gut fühlst und das direkt deinen Engel oder Helfer anspricht. Was du wählst, richtet sich nach deiner Glaubensrichtung und deinen Vorlieben. Wiccas nutzen beispielsweise das Aufsagen verschiedener Göttinnennamen zum Schutz und zur Hilfe, andere beten zu Gott, wieder andere sprechen Gebete zu einem Engel. Wiederhole dein Gebet so lange, bis du dich etwas besser fühlst. Dann lass es wirken!

Woran erkennt man ein gutes Medium?

Gib deine Verantwortung nie ab und
prüfe immer für dich nach, ob sich
eine Botschaft für dich richtig anfühlt.

Ein gutes Medium ist kein abgehobener Spiritist, der sich für unfehlbar hält und vergessen hat, wie es ist, ein Mensch zu sein. Ein guter Channel zeigt sowohl vor als auch nach der medialen Übertragung Verständnis und emotionale Anteilnahme und gibt seinem Klienten den Raum, die Botschaften anzunehmen und zu verarbeiten. Er stellt sich nicht über seine Klienten und verurteilt nicht. Sätze wie "Das lernst du auch noch, Schätzelchen" gehören in keine mediale Sitzung. Ein gutes Medium hält sich mit seiner eigenen Meinung zurück. Es wertet nicht ab – es wertet überhaupt nicht, sondern befindet sich in einem Zustand liebevollen geistigen Verständnisses und versucht, zwischen dem gechannelten Geistwesen und dem Klienten zu vermitteln.

Es muss kein besonderes Aussehen haben. Es ist aber möglich, dass du während der medialen Übertragung eine Veränderung in seiner Ausstrahlung und seiner Stimme bemerkst.

Ein gutes Medium behauptet auf keinen Fall, der oder die Einzige zu sein, der mit diesem oder jenem Wesen Kontakt haben darf oder dass du ihn beziehungsweise sie unbedingt dafür brauchst. Das ist völliger Blödsinn, denn die geistige Welt ist nicht begrenzt und die Geistwesen bieten meiner Erfahrung nach den Klienten immer wieder ihre Unterstützung und Hilfe an, wenn sie darum bitten. Nur um bestimmte Wesen channeln zu können, braucht es in der Regel ein recht hohes Energieniveau und entsprechend offene mediale Sinne. Das ist jedoch für jeden erreichbar, der es wirklich will und bereit ist, an sich und seinen Fähigkeiten zu arbeiten. Es gibt allerdings charakterliche Vorlieben. Die Geistwesen suchen sich gerne Menschen aus, die ihnen ihren Ansprüchen gemäß passend erscheinen. Sie schließen jedoch nie aus, dass auch andere mit ihnen kommunizieren können.

Ein gutes Medium benötigt des Weiteren keine Vorabinformationen über dich oder deine Lebenssituation. Es channelt hochenergetische Wesen, in deren Botschaften du dich leicht erkennen kannst und mit deren Ratschlägen du etwas für dich anfangen kannst. Du kannst spüren, ob sich die Botschaft für dich richtig und plausibel anfühlt, und der Kontakt wird dich positiv berühren. Es werden dir keine Katastrophenmeldungen über zukünftige Ereignisse gegeben, die dich unnötig verunsichern würden. Der auffallendste Hinweis, dass du auf einen Scharlatan triffst, sind Aussagen über schlimme Dinge, die angeblich eintreffen werden, mit der daran gekoppelten Möglichkeit, diese Dinge – für einen Aufpreis – abzuwenden. Leider gibt es solche Fälle. Gute mediale Übertragungen sind jedoch von Konstruktivität gezeichnet. Du fühlst dich geborgen, verstanden und gut aufgehoben in den Energien des Geistwesens, die du mit großer Wahrscheinlichkeit wahrnehmen kannst. Selbst wenn du Ratschläge und Antworten bekommst, die du nicht so gern hören wolltest, wirst du spüren, dass sie Sinn machen.

Wenn du ein gutes Medium gefunden hast, nutze es nicht, um in eine Abhängigkeit zu geraten, und gib deine Verantwortung nie ab! Prüfe immer, ob sich die medialen Botschaften für dich wahrhaftig und plausibel anfühlen. Auch wenn du ein gutes Medium kennst, muss das noch nicht heißen, dass es immer gleich gut ist und du dich blind auf seine gechannelten Botschaften verlassen kannst. Wer gestern gut war, muss es heute nicht sein. Wenn ein Medium nicht auf seine Erdung und sein Energieskelett achtet, kann es auch schwächere Channelings übertragen. Also prüfe die Richtigkeit der Botschaft unbedingt immer in deinem Herzen!

Über die Autorin

Nadja Berger ist ein TV-bekanntes und gefragtes Medium, Runenmeisterin und Heilpraktikerin für Psychotherapie. 1978 im Zeichen des Skorpions geboren, ist sie von klein auf hellsichtig-medial und geht den spirituellen Weg von Beginn an. 1998 begann sie, ihrer Berufung als mediale Beraterin zu folgen, gab mithilfe ihrer Fähigkeiten hellsichtige Beratungen und hielt erste Vorträge und Seminare. Von der geistigen Welt dazu angeleitet, ihre Fähigkeiten zu entwickeln und anzuwenden, gab sie nach vielen Jahren intensiver Schulung auch die ersten öffentlichen Channelings, wie die Göttin-Channelings in Berlin, die auch heute noch neben anderen medialen Veranstaltungen gehalten werden. Nadja Berger ist Leiterin der *Lichtoase*, dem Zentrum für Spiritualität und Lebenskraft, das sich am Berliner Stadtrand befindet. Hier gibt sie Ausbildungen, Kurse, mediale Abendveranstaltungen, persönliche Beratungen und Channelings. Mehr über Nadja Berger erfährst du auf ihrer Website www.Samtstein.de.

Kontakt
Samtstein ~ Nadja Berger ~ Mediale Beratung
Lichtoase ~ Fontaneallee 15 · 15732 Eichwalde/Berlin
www.Samtstein.de · info@Samtstein.de
Tel.: +49/30-51067346

Weiterführende Informationen zu
Büchern, Autoren und den Aktivitäten
des Silberschnur Verlages erhalten Sie unter:
www.silberschnur.de

Natürlich können Sie uns auch gerne den
Antwort-Coupon aus dem beiliegenden
Lesezeichenflyer zusenden.

Ihr Interesse wird belohnt!

Nadja Berger

Runenkräfte

Das Praxis-Set der Runenmagie

Praktische Runenbücher sind fast eine Seltenheit geworden, umso erfreulicher ist dieses neue Runenhandbuch mit schönen Karten einer medial begabten Autorin und Künstlerin. Runen sind ein wunderbarer Weg hin zu einer Verbindung zwischen dem Geistigen und dem Irdischen, um so diese feinen Energien fühlbarer zu machen – dieses Runenset öffnet auf leichte, spielerische Weise den Zugang zu dieser Erfahrung.

144 Seiten, broschiert,
24 vierfarbige Karten
ISBN 978-3-89845-177-2
€ [D] 18,90

208 Seiten, broschiert,
durchgehend 4-farbig mit
13 Karten, im Schuber
ISBN 978-3-89845-258-8
€ [D] 24,90

Johanna Tippkemper

Der Herzstern

Einweihungsweg zur Selbsterkenntnis

Die Architektin für gesundes Bauen und Wohnen, Johanna Tippkemper, bietet Ihnen einen einmaligen Einweihungsweg mit den Aufgestiegenen Meistern. Sie werden immer geführt vom »Herzstern«, aus dem das uralte Wissen des Universums in seiner hohen Schwingung strahlt. Wenn Sie sich von diesem wunderbaren Stern führen lassen, erfahren Sie u. a. Neues über die göttlichen Farbstrahlen und deren feinstoffliche Wirkung auf Körper, Geist und Seele sowie über Zahlen als Zugang zum persönlichen Lebensweg. Neben den 13 Resonanzkarten sind im Handbuch zahlreiche Übungen und Praxisbeispiele enthalten.

192 Seiten, durchg. farbig,
broschiert
ISBN 978-3-89845-482-7
€ [D] 19,95

Johanna Tippkemper

Licht-Geometrie

Metatrons goldene Wissensschlüssel

Das Geheimnis des Universums ist in der heiligen Geometrie zu finden. Alles Leben im Universum ist daraus entstanden und alles Leben sowie sämtliche Wachstumsprozesse werden über die heilige Geometrie und ihre Muster gesteuert.
Erzengel Metatron öffnet die Türen und Tore zu den Wissensbibliotheken in uns und hilft uns, die derzeit stattfindende Umwandlung zum Lichtkörper harmonisch zu durchleben. Verbinden wir uns mit den heiligen Geometrien, öffnen sich wie durch Zauberhand ganze Informationsfelder in uns selbst, und etwas völlig Neues kann sich entfalten ...

Band 1-4, broschiert, im Schuber
ISBN 978-3-89845-492-6
€ [D] 59,95

Claire Avalon

Begegnung mit den Atlantischen Priestern
Band 1-4

In 4 Bänden erhalten Sie alle essentiellen Informationen über die Atlantischen Priester, die unsere Arbeit mit den zwölf Strahlen bereichern und intensivieren. In jedem Band werden drei Strahlen behandelt, zu denen die Atlantischen Priester einführen und Sie zurück nach Atlantis führen. Dort können Sie frühere Aufgaben, Talente oder Tätigkeiten betrachten, um neue Erkenntnisse zu gewinnen und diese in Ihren Alltag zu integrieren. Die Atlantischen Priester richten sich an Erwachsene und an Kinder. Sie stehen ihnen bei allen Lebensfragen und Problemen zur Seite und helfen ihnen, die Ziele ihrer Seele zu erreichen und ihr Leben geerdet und spirituell auszurichten.

Die Bände sind auch einzeln erhältlich:

Band 1	Band 2	Band 3	Band 4
Blauer Strahl, goldgelber Strahl, rosafarbener Strahl	Weißer Strahl, smaragdgrüner Strahl, rubinroter Strahl	Violetter Strahl, aquamarinfarbener Strahl, magentafarbener Strahl	Goldener Strahl, pfirsichfarbener Strahl, opalfarbener Strahl
296 Seiten, broschiert	312 Seiten, broschiert	296 Seiten, broschiert	312 Seiten, broschiert
ISBN 978-3-89845-488-9	ISBN 978-3-89845-489-6	ISBN 978-3-89845-490-2	ISBN 978-3-89845-491-9
€ [D] 16,95	€ [D] 16,95	€ [D] 16,95	€ [D] 16,95

160 Seiten, 2-farbig, broschiert
ISBN 978-3-89845-457-5
€ [D] 12,95

Georg Huber

Begrenzungen lösen – Heilung erfahren
Der Sieben-Schritte-Prozess zur Befreiung deines Selbst

Jede Krankheit, Angst, Emotion und jedes psychische Problem findet seine Ursache in emotionalen Verletzungen aus der Vergangenheit.

Der Sieben Schritte Prozess hilft, alte Muster, Ängste, Emotionen und körperliche Unpässlichkeiten anzunehmen und umzuwandeln. Diese wunderbar befreiende und heilende Methode lässt Sie Vergangenheit und Gegenwart in Einklang bringen, hilft alte Verletzungen zu heilen und Blockaden zu lösen.

Mit diesem Prozess finden Sie einen Weg, auf leichte und effektive Weise endlich Heilung zu erfahren.

Mit 3 Meditationen zum Download

168 Seiten, broschiert
ISBN 978-3-89845-486-5
€ [D] 14,95

Ingrid Theresia Bleier

Elohim – Die Schöpferengel

Praktische Lichtarbeit

Die Elohim, die göttlichen Schöpferkräfte, helfen uns, unsere uns innewohnenden schöpferischen Kräfte zu aktivieren. Wie wir unter der Führung der liebenden Engelkräfte unseren eigenen Kern zum Leuchten bringen, zeigt uns Ingrid Theresia Bleier. Ihre alltagstaugliche Anleitung zur praktischen Lichtarbeit bereitet uns den Weg zur göttlichen Ebene. Die Elohim stehen an unserer Seite. Wir können uns mit ihnen verbinden, um an der Neugestaltung der vielfältigsten Lebensbereiche mitzuwirken.

384 Seiten, Klappenbroschur
ISBN 978-3-89845-409-4
€ [D] 18,95

Myra

Saint Germains Vermächtnis

Das geheime Wissen über die Welt und das Leben

Saint Germain spricht Klartext über neuzeitesoterische Weltanschauungen und teilt uns seine Weisheiten über vielfältige Themenbereiche mit. Er klärt uns sowohl über Sinn und Unsinn der Astrologie, über Channeling, über die Schöpfung, über Kabbala, über Christentum und sogar über Kornkreise wie über Politiker und Politik sowie über Verschwörungstheorien auf. Saint Germain räumt recht eindrucksvoll mit vielen »neuzeitesoterischen« Meinungen auf und stößt Personen und Dinge von einem Sockel herab, auf dem sie seiner Meinung nach nicht stehen dürften.

256 Seiten, broschiert
ISBN 978-3-89845-362-2
€ [D] 14.90

Pierre de Forêt

Seelengeheimnisse und psychische Welten

Pierre de Forêt berichtet, wie er als junger Mann aus seinem physischen Körper »ausgestiegen« ist und Astralreisen in die feinstoffliche Welt gemacht hat, zu denen er von seinem Begleiter, einem Wesen aus dem Jenseits, abgeholt wurde. Durch Forêt erfahren wir die »neue« Sicht der geistigen Welt zu Themen wie zwischenmenschliche Beziehungen, Mensch, Tier und Pflanze, Engel, christlicher Glaube und kosmisches Gesetz. Darüber hinaus übermittelt Forêts Begleiter uns den authentischen Wortlaut der Zehn Gebote. Die völlig neuen Botschaften und präzisen Aussagen dieses Buches bieten dem Leser Antworten, die aufwühlen und nachdenklich stimmen. Ein Buch, das dem Leser das Gefühl vermittelt, nach langer Suche endlich angekommen zu sein!

224 Seiten, durchg.farbig,
broschiert
ISBN 978-3-89845-406-3
€ [D] 19,95

Seena B. Frost

SoulCollage® – Kreativbilder deiner Seele
Das neuartige Arbeitsbuch zur Selbstfindung

SoulCollage® ist die neue, sehr kreative Art, sich selbst besser kennenzulernen. Alles, was Sie dafür brauchen, ist eine Schere, Fotos oder ein paar Magazine und Klebstoff. Seena B. Frost hat mit SoulCollage® eine ungewöhnlich individuelle Methode entwickelt, um Bilder Ihrer Seelenlandschaften zu schaffen. Die kreierten Seelencollagen spiegeln unseren ganz persönlichen Archetypus wider und geben uns die Möglichkeit, unserer eigenen, intuitiven Weisheit zu lauschen, die durch die Bilder der Karten auftaucht. Und so entdecken wir unsere Seele mit ihren Schatten sowie ihren angeborenen Fähigkeiten und können unsere Ziele im Leben erfolgreich verfolgen.

176 Seiten, inkl. 16 Seiten
Farbteil, broschiert
ISBN 978-3-89845-297-7
€ [D] 12,90

Maria W. M. Schmitt

Spiegelbilder deiner Seele
Symbole und Farben medial deuten

Ein Schlüssel, um unsere medialen Wahrnehmungssinne zu öffnen ...
Die Seele, das geheimnisvolle, unsichtbare Wesen ... Doch mit den verschiedenen Techniken des medialen Malens wird das Spiegelbild der Seele in Form von Farben und Symbolen sichtbar gemacht. Die Bilder stellen dabei Abbilder der Persönlichkeit dar. Ein wunderschönes Handbuch mit und über Bilder, in denen sich seelisch-geistige Aspekte und damit verbundene Entfaltungsmöglichkeiten spiegeln. Machen Sie sich im wahrsten Sinne des Wortes ein Bild von Ihrer Seele ...

240 Seiten, Klappenbr.
ISBN 978-3-89845-336-3
€ [D] 14,90

Carly Newfeld

Der inneren Führung vertrauen
Botschaften aus Findhorn

Carly Newfeld erkundet die vielen Möglichkeiten, um spirituelle Führung zu erhalten, auf unsere Intuition zu hören und beiden achtsam und freudig zu folgen. Die Autorin schenkt uns einen Einblick, wie dank der inneren Führung von Eileen Caddy, Dorothy Maclean und Peter Caddy die Findhorn-Gemeinschaft entstand. Später nimmt Sie uns mit zu sich nach Hause und auf Abenteuer, in denen wir schillernden Persönlichkeiten und ganz normalen Leuten begegnen, die uns zeigen, welche vielfältigen Formen innere Führung annehmen kann.